LA SUÈDE PRÉHISTORIQUE

PAR

OSCAR MONTELIUS.

TRADUCTEUR J.-H. KRAMER.

STOCKHOLM
NORSTEDT & SÖNER.

LEIPZIG

LA SUÈDE PRÉHISTORIQUE

PAR

OSCAR MONTELIUS.

TRADUCTEUR J.-H. KRAMER.

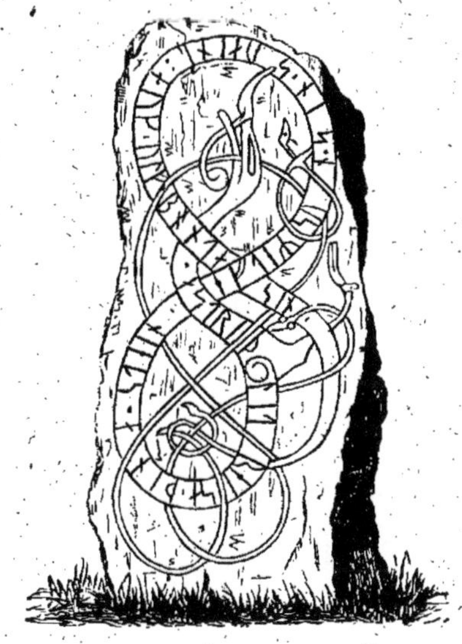

STOCKHOLM
P. A. NORSTEDT & SÖNER.

PARIS
K. NILSSON.
RUE DE RIVOLI 212.

LEIPZIG
RUDOLF HARTMANN.
THALSTRASSE 2.

STOCKHOLM, 1874.

P. A. NORSTEDT & SÖNER

KONGL. BOKTRYCKARE.

Introduction.

L'obscurité qui régna si longtemps sur les temps primitifs du Nord ne se dissipa que du moment où, il y a quarante ans environ, les savants commencèrent à comprendre toujours mieux que les objets antiques rencontrés de temps à autre dans la terre, et que les monuments sépulcraux qui recouvrent encore par milliers notre pays, n'appartiennent pas tous à la dernière période du paganisme que célèbrent les sagas islandaises.

A l'arrivée (en 829) de saint Ansgaire, le premier apôtre du christianisme en Suède, l'usage du fer y était général et l'avait été depuis plusieurs siècles. Cependant, une étude attentive de nos antiquités a montré qu'avant cette époque, que nous appelons maintenant *l'âge du fer (jernåldern)*, il en a existé une autre, où le fer était totalement inconnu, où les armes et les outils tranchants étaient en bronze, alliage de cuivre et d'étain. Cet *âge dit du bronze (bronsåldern)* avait eu, comme l'âge du fer, une durée de plusieurs siècles. Mais, au moment où commença l'âge du bronze, la Suède avait été, probablement pendant des milliers d'années, habitée par un peuple qui avait vécu dans une complète ignorance de l'usage des métaux, et qui, par conséquent, avait été forcé d'employer, à la confection de ses outils et de ses armes, la

pierre, la corne, les os, le bois, etc. La période à laquelle
appartient cette rude et primitive civilisation, a été nommée *l'âge de la pierre (stenåldern)*.

Cette division des temps payens scandinaves en trois
grandes périodes, pressentie et formulée déjà dans le siècle
passé, ne reçut, cependant, toute sa valeur archéologique que dans la période décennale de 1830—1840. L'honneur d'avoir établi le système scientifique basé sur cette
division, système si important pour l'étude des temps primitifs, appartient principalement à deux savants scandinaves,
au professeur Sven Nilsson de Lund, l'illustre auteur des
»Habitants primitifs de la Scandinavie» (*Skandinaviska Nordens Ur-invånare*), et au conseiller aux conférences danois, Christian-Jürgensen Thomsen (mort en 1865), créateur du »Musée des antiquités du Nord» à Copenhague.

Non-seulement les trouvailles innombrables faites depuis
l'inauguration de ce système sont venues démontrer avec
éclat la justesse des vues émises par Nilsson et Thomsen
il y aura bientôt 40 ans, mais elles ont encore ouvert de
nouveaux et vastes champs à nos recherches. Il nous est
possible de nous faire maintenant une image trèsclaire
de la vie des aborigènes de notre patrie, de suivre pas à
pas le développement lent mais sûr par lequel, de hordes
errantes de sauvages, les habitants de la Suède sont
devenus ce qu'ils sont de nos jours.

Il est vrai que ni liste de rois, ni noms entourés d'une
auréole de gloire ne nous sont parvenus de ces premiers
temps de notre civilisation. Mais la connaissance de
la vie du peuple et des progrès de la culture humaine,
n'a-t-elle pas infiniment plus de valeur que les noms de héros
légendaires? Et ne doit-on pas accorder plus de créance
à des témoignages contemporains irrécusables, qu'à des ré-

cits poétiques que les siècles ne nous ont conservés que dans la mémoire des scaldes?

Il est peut-être superflu de donner ici des preuves spéciales de la légitimité de la division en trois périodes adoptée pour les temps préhistoriques de la Suède. Cependant, comme l'archéologie actuelle du Nord repose essentiellement sur cette division, je crois devoir signaler ici quelques circonstances bien propres à prouver combien ce système est autorisé, du moins pour ce qui concerne les pays du Nord.

Le fait qu'il y a eu un temps où l'usage des métaux était totalement inconnu, ressort avec une pleine évidence de trouvailles nombreuses et de la découverte de centaines de tombeaux caractéristiques, contenant une masse d'antiquités en pierre, en os, etc., mais nulle trace de métaux.

L'existence d'un autre temps où l'usage du bronze, mais non celui du fer, était connu, nous est prouvée d'une manière non moins évidente par une foule de trouvailles et de tombeaux contenant des armes, des outils, des parures, etc., en bronze, mais non en fer, tandis que des objets en bronze d'un type similaire n'ont presque jamais été trouvés avec des ouvrages en fer.

Enfin, le premier coup d'oeil jeté sur une collection tant soit peu complète d'antiquités, nous montre que le fer était d'un usage général à une certaine période de notre antiquité payenne.

Il suit nécessairement de là, que l'histoire de la civilisation primitive du Nord, celle de l'époque qui précéda l'établissement du Christianisme, comprend en réalité les trois grandes périodes qui ont emprunté leur noms à la matière la plus parfaite et, par suite, la plus usitée dans chaque période.

Il ne peut exister non plus d'hésitation sur *l'ordre* dans lequel ces périodes se sont suivies. Il se comprend de soi-même que l'âge de la pierre a dû être antérieur à celui du bronze, et c'est en outre démontré par le fait que l'on a trouvé, à plusieurs reprises, des tombeaux de l'âge du bronze dans la partie supérieure de tumulus élevés sur une chambre sépulcrale de l'âge de la pierre, placée au centre du tumulus, tandis que le contraire n'a jamais été observé. Quant à l'âge du fer, les plus anciens documents historiques qui nous fournissent des renseignements sur la dernière partie de l'époque payenne, ne connaissent qu'une période où le fer a été d'un emploi général; d'où il résulte que l'âge du fer doit être le dernier des trois.

Nous laisserons de côté la question de savoir si le commencement de chaque période coïncide avec l'apparition d'un nouveau peuple qui subjugua les habitants plus anciens du pays. Il ne s'agit ici que de la division *chronologique* de l'époque préhistorique.

Avant d'essayer de présenter une image de la vie primitive de nos ancêtres, je dois faire observer que si cette image est incomplète et obscure, cela dépend peut-être en partie de l'insuffisance des sources auxquelles nous avons été à même de puiser des renseignements sur ces temps reculés. Il est vrai, et il faut le reconnaître avec joie, que l'on a trouvé un plus grand nombre de monuments de notre époque payenne que nous n'étions autorisés à l'espérer. Cependant, la masse principale des antiquités conservées jusqu'à nos jours se compose naturellement d'ouvrages en pierre, en métal, etc., vu que ce n'est que grâce à une rare combinaison de circonstances singulièrement favorables, que des matières aussi facilement détruites que le bois, l'os, le cuir ont pu se conserver. Il en résulte que nous ne devons posséder qu'une connaissance très-imparfaite des meubles, des outils et des habits confectionnés de ces dernières matières, lesquelles constituaient nécessairement la richesse principale des Scandinaves payens.

Même les objets en métal et en pierre, nous ne les connaissons que très-imparfaitement. Une faible partie en a été enfouie dans la terre, une faible partie de ce qui a été enfoui dans la terre a échappé à l'action destructrice du temps; de cette dernière partie, tout n'a pas encore été rendu à la lumière, et nous ne savons que trop quelle minime quantité de ce qui a été trouvé, l'a été au profit de la science. Presque toutes les trouvailles faites pendant les siècles précédents ont disparu sans laisser de traces, et même beaucoup de ce qui a été découvert pendant le siècle actuel a été détruit.

Nous comprendrons sans peine l'importance de ces faits, si nous nous représentons, dans un ou deux milliers d'années d'ici, un archéologue essayant de se faire une idée de *notre* manière de vivre actuelle, mais n'ayant guère à sa disposition que quelques débris frustes et rouillés de nos ouvrages en métal, et ne pouvant rendre l'image du 19:ème siècle plus complète à l'aide des productions de l'art ou de la littérature. Cette comparaison nous montre combien nous devons être prudents dans nos essais de reconstruction de la période payenne, dont la première partie est éloignée de nous de plusieurs milliers d'années.

1. L'âge de la pierre.

Il nous est encore impossible de déterminer, même à un millier d'années près, le temps pendant lequel notre patrie a été habitée. Une foule de trouvailles ont montré, il est vrai, que la partie méridionale de la Scandinavie a été peuplée infiniment plus longtemps que l'on ne s'en doutait naguère. Mais nous ne pouvons qu'indiquer une époque *avant* laquelle il n'est pas possible de se représenter des habitants dans le Nord, c'est-à-dire la fin de la période glaciaire. Aussi longtemps que toute la péninsule scandinave fut recouverte d'une seule et immense croûte de glace, comme l'est encore de nos jours la majeure partie du Groënland, elle fut à peu près inhabitable, et l'on n'a pas rencontré non plus dans notre pays les moindres vestiges de l'homme avant la fin de cette période.

D'un autre côté, plusieurs faits ont démontré que le Danemark (et l'extrême sud de la Suède) était habité par un peuple de l'âge de la pierre déjà à l'époque où les conifères y étaient encore communs. On a découvert, p. ex., dans des trouvailles inéquivoques de l'âge de la pierre danois, des os du coq de bruyère, oiseau qui ne vit que dans les forêts de pins et de sapins. L'âge de ces trouvailles ne peut, sans doute, s'exprimer en siècles. Mais l'immense éloignement du temps auquel elles appartiennent, est prouvé par les modifications considérables qu'ont subies depuis lors la flore et la faune du Danemark. Les forêts de conifères ont eu le temps de périr et de céder la place aux puissantes chênaies qui couvraient le pays avant que les forêts de hêtres, si générales de nos jours, eussent gagné la prépondérance.

Nous trouvons des vestiges de la plus ancienne population du Nord dans la plupart des *kjökkenmöddings* danois, ou amas de débris culinaires, qui ont récemment été l'objet d'explorations minutieuses. Des coquilles d'huîtres et d'autres mollusques employés encore aujourd'hui dans l'alimentation, forment la masse principale de ces collections de rebuts, souvent immenses, situées le long des côtes; on y rencontre d'ailleurs des os de poissons, d'oiseaux, de sangliers, de chevreuils, de cerfs, d'aurochs et d'autres animaux sauvages[1], — et d'un *seul* animal domestique, le chien. Les grands os ont ordinairement été fendus longitudinalement, pour l'extraction de la moëlle. Au milieu de ces débris de matières alimentaires, se rencontrent aussi tant les foyers couverts encore de cendres et de charbons, qu'une foule d'outils en silex grossièrement taillés et non polis, accompagnés de fragments de poterie grossière, d'instruments en os et en corne, etc. Ainsi, sur les points où se trouvent ces *kjökkenmöddings*, des hommes ont vécu dans des temps reculés; les coquilles de mollusques comestibles, les ossements d'animaux et les foyers sont des souvenirs de leurs repas.

Des *kjökkenmöddings* parfaitement identiques sont connus de plusieurs autres points du globe, comme de la Terre de Feu, à l'extrême sud du continent amé-

---

[1] On n'a pas rencontré dans les *kjökkenmöddings* danois de traces du renne, contemporain de l'homme en Belgique et en France durant une partie de l'âge de la pierre.

ricain, où les habitants, restés jusqu'à nos jours dans l'état sauvage, vivent à peu près de la même manière que vivaient, il y a plusieurs milliers d'années, les habitants primitifs du Nord.

On n'a pas encore rencontré en Suède de »kjökken-möddings» de l'âge de la pierre[1]; mais la preuve que la partie la plus méridionale de notre pays était aussi habitée

1. *Scanie.* ½.

2. *Scanie.* ½.

Outils en silex de la première période de l'âge de la pierre, grossièrement travaillés et non polis.

au temps où se formaient les »kjökkenmöddings» danois, nous est fournie par plusieurs outils en silex grossièrement taillés, trouvés en Scanie, et appartenant, comme les figures 1 et 2, aux mêmes types que les silex des »kjökkenmöddings».

----

[1] On a toutefois trouvé, tant en Suède que dans d'autres pays, des restes de repas, des »amas de débris de cuisine», assez semblables

Les »kjökkenmöddings» du Danemark et les trouvailles qui s'en rapprochent plus ou moins, doivent être considérés appartenir à une période de l'âge de la pierre antérieure aux tombeaux connus sous les noms de »sépultures à galerie» et de »dolmens», dont il sera question plus loin. Cela nous est démontré par les faits suivants:

1°. Les seules traces d'animaux domestiques que l'on ait découvertes dans ces »kjökkenmöddings», sont celles du chien, tandis que le peuple des dolmens possédait presque tous les animaux domestiques les plus importants.

2°. Les ouvrages en silex trouvés dans les »kjökkenmöddings» sont en général beaucoup plus grossiers que ceux provenant des dolmens. Les premiers présentent des formes toutes différentes, bien plus simples, et ils *ne sont pas polis;* les haches et les ciseaux *polis* sur toutes leurs faces, si nombreux dans les grands tombeaux, n'ont jamais été rencontrés dans les »kjökkenmöddings». On n'y trouve ja-

3. *Grattoir en silex. Sc.* ½. 4. *Lame (couteau) en silex. Sc.* ¾.

mais, non plus, de ces pointes de lance, ni de ces têtes de flèche, si bien taillées, des types représentés par les figures 6 et 11, ni des haches perforées, ni de la poterie fine (fig. 25). — Les éclats provenant de la fabrication des outils en pierre, les lames de silex (fig. 4) employées comme couteaux, les simples grattoirs ronds en silex

aux »kjökkenmöddings» danois, mais appartenant aux périodes postérieures à l'âge de la pierre.

(fig. 3) appartiennent naturellement à toutes les périodes de l'âge de la pierre.

Si les vestiges du premier âge de la pierre sont relativement si rares en Suède, nous avons par contre des souvenirs d'autant plus nombreux du second âge, ou de celui de la pierre polie. A l'exception du Danemark, et peut-être de la partie de l'Allemagne du Nord, le Mecklembourg, le Holstein et le Hanovre, dont les antiquités en pierre et en bronze sont presque identiques à celles de la Scandinavie, il n'est probablement pas de pays à même de montrer d'aussi riches et d'aussi magnifiques échantillons du second âge de la pierre que notre patrie.

Avant de passer à l'exposé de la vie de nos ancêtres pendant l'âge de la pierre, il ne sera pas sans intérêt de montrer d'abord comment du silex, la meilleure matière de cette époque reculée pour la fabrication des armes et des outils tranchants, l'on pouvait, sans l'aide du métal, confectionner ces travaux fins qui souvent commandent notre admiration.

M. le professeur Nilsson signalait, il y a déjà plus de trente ans, qu'il était facile de travailler le silex en se servant d'une autre pierre, et il donnait des figures de quelques cailloux qu'il supposait avoir servi à cet usage. Son attention s'était fixée sur eux par la circonstance que, comme jeune homme, dans ses excursions de chasse, il avait plus d'une fois taillé ses pierres à fusil au moyen de cailloux ramassés dans les champs.

Plusieurs faits sont venus corroborer la justesse de l'opinion de l'archéologue célèbre. Ainsi, pour ne citer qu'un exemple, un Anglais visita, il y a quelques années, une tribu indienne de la Californie, qui se servait encore d'outils en pierre. L'Anglais connaissait les objets de l'âge de la pierre trouvés en Europe, mais il croyait qu'ils avaient été fabriqués au moyen d'outils en cuivre durci. Il rencontra l'un des »fabricants de têtes de flèches» de la tribu, et demanda à voir des preuves de sa dextérité. L'Indien s'assit, mit une pierre unie sur ses genoux, et prit d'une main un morceau d'agate, de l'autre un morceau d'obsidienne, pierre qui a eu chez les peuples de l'Amérique la même importance que le silex pour ceux de l'Europe. D'un coup de l'agate il fendit l'obsidienne, et d'un nouveau coup contre la surface produite par le premier, il sépara une lame de l'épaisseur de 7 à 8 mm. Il saisit maintenant cette plaque entre le pouce et l'index, la tint contre l'enclume de pierre posée sur ses genoux, et donna avec l'agate des coups successifs dont chacun enlevait un petit éclat. Peu à peu le fragment d'obsidienne prit une forme déterminée, et au bout d'un peu plus d'une heure, il eut confectionné une tête de flèche de la longueur de trois centimètres.

Le silex se travaille encore de nos jours en Angleterre et en France pour la fabrication des pierres à fusil et des pierres à briquet. On se sert actuellement dans ce but de marteaux de fer, mais l'expérience prouve sans peine que l'on peut employer avec un succès égal un caillou tout ordinaire, arrondi par les vagues. On a aussi trouvé, tant dans le Nord que dans d'autres pays, des marteaux de pierre pareils, ou percuteurs, qui ont servi à travailler le silex. Parfois on y pratiquait de petits enfoncements arrondis, afin de donner aux doigts un point d'appui plus solide (Ant suéd., fig. 1).

Les longues et étroites barbes que présentent les têtes de flèches (fig. 6) et les dentelures régulières que

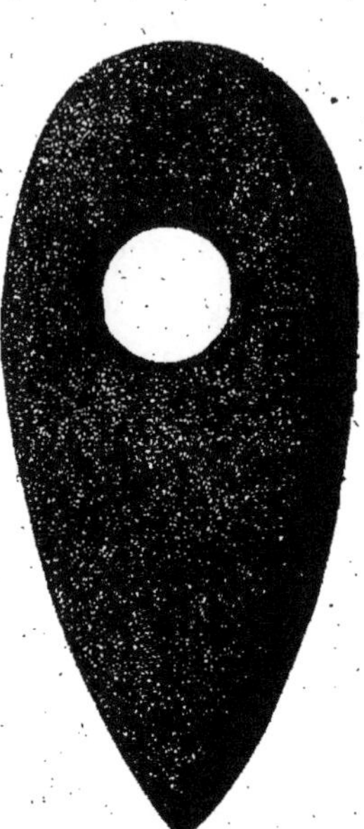

5. *Hache en trapp (diorite),*
avec trou d'emmanchure.
Bohusl. ½.

6. *Tête de*
flèche en silex.
Sc. ⅓.

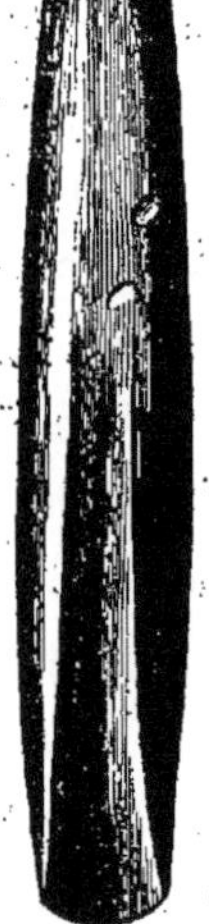

7. *Gouge étroite en*
silex poli. Smål. ½.

8. *Hache en silex poli.*
Vestrog. ⅔.

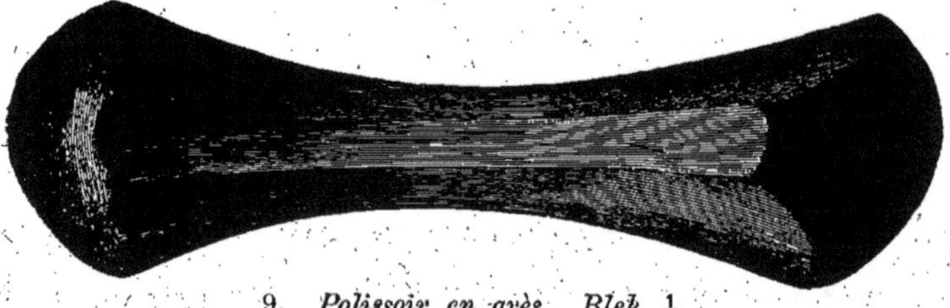

9. *Polissoir en grès. Blek.* ⅓.

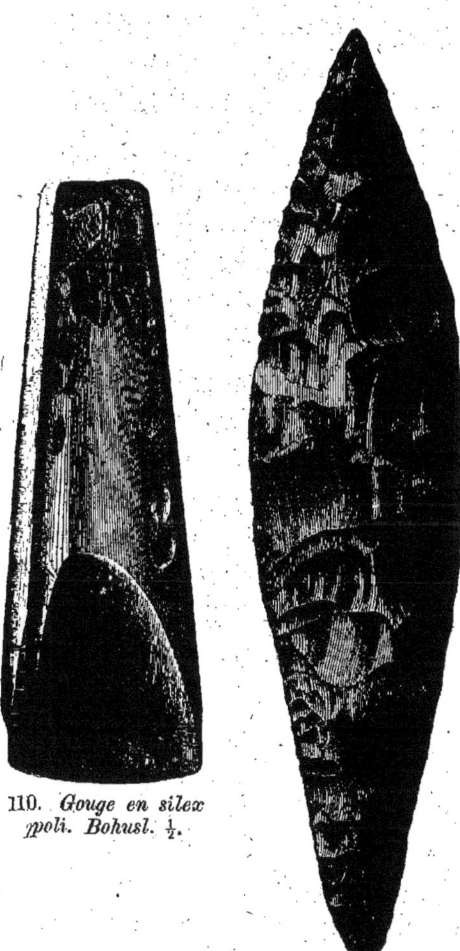

110. *Gouge en silex poli. Bohusl.* ½.

12. *Hache en pierre, avec trou d'emmanchure. Sc.* ½.

11. *Pointe de lance en silex. Bohusl.* ½.

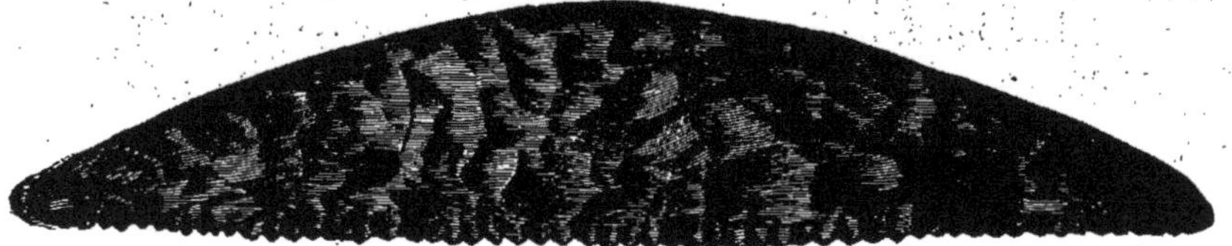

13. *Scie en silex. Bohusl.* ½.

l'on voit, p. ex., à l'instrument fig. 13, se faisaient probablement ou par le choc, ou par la pression d'un outil en os, semblable à ceux que plusieurs peuples américains ont employés au même effet.

Les couteaux, les poignards, les pointes de lance et les têtes de flèche, les grattoirs et autres ouvrages en silex sont seulement taillés et jamais polis, du moins pas au tranchant. Beaucoup d'autres antiquités en pierre, surtout les haches et les ciseaux, sont par contre polies. Il nous reste encore un grand nombre des polissoirs employées à cet usage. Les plus ordinaires sont ou de grands blocs de grès à une ou plusieurs faces planes, ou des grès à extrémités arrondies, épais et presque en forme de massues, du genre de celui représenté fig. 9. Sur les premiers se polissaient, p. ex., les haches en silex (fig. 8) et les ciseaux les plus larges, sur les seconds, les ciseaux plus étroits du type fig. 7, etc. A force d'usage sur toutes leurs faces, ces derniers polissoirs (fig. 9) finissaient par devenir très-minces au milieu, et l'on ne doit pas s'étonner si, comme cela a vraiment eu lieu, une pierre pareille a été prise par un oeil peu exercé pour l'os pétrifié d'un animal d'une époque passée.

On a souvent trouvé dans les tombeaux de *l'âge de la pierre* une espèce de petits polissoirs en schiste noir (Ant. suéd., fig. 4), qui se portaient sans doute à la ceinture, et servaient à acérer les aiguilles en os ou autres objets pointus.

Plusieurs haches en trapp (diorite) et de roches semblables sont percées d'un trou d'emmanchure. On ne voit, par contre, jamais de trous pareils aux haches en silex, ce minéral étant trop dur et trop cassant pour se laisser perforer.

On a longtemps été incertain sur la question de savoir si l'on pouvait pratiquer des trous dans les haches en pierre sans l'aide de perçoirs métalliques. Bien des personnes le regardaient comme impossible; mais des essais, entrepris ces dernières années, ont amené la conviction que la chose est faisable. Un archéologue américain, M. Rau de Newyork, a effectivement réussi à percer, avec un bâton en bois, du sable et de l'eau, une pierre assez dure pour qu'un bon canif, loin d'en pouvoir rayer la surface, n'y produisit qu'une strie à éclat métallique. Le bâton, fortement pressé contre la pierre, fut tourné longtemps et avec rapidité, action par laquelle les grains de sable comprimés à sa partie inférieure creusèrent peu à peu la pierre par la friction. Le forage fut commencé des deux côtés de la pierre. De chaque

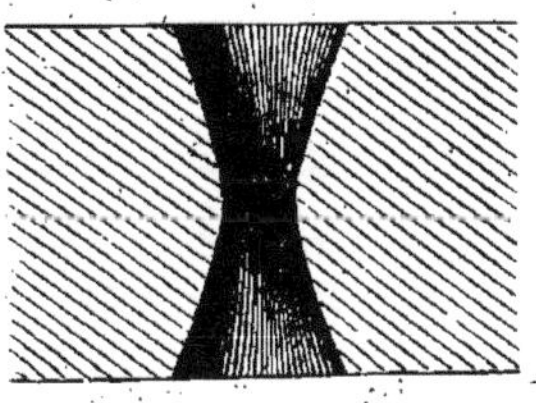

14. *Coupe d'une hache dont le trou n'est pas achevé.*

côté, il se produisit d'abord un évidement dont la partie inférieure devint toujours plus étroite; et quand la cloison fut enfin percée, le trou présentait l'aspect de deux cônes à sommets opposés. Parmi les haches rencontrées en Suède, il s'en trouve beaucoup portant des trous inachevés, dont la forme présente une similarité parfaite avec le trou percé de la manière indiquée ci-dessus, dans ses différentes phases de travail (fig. 14).

D'autres haches en pierre à trou d'emmanchure incomplet ont toutefois été percées au moyen d'un autre procédé. On voit au milieu du trou un boulon arrondi, s'amincissant vers le haut de la façon représentée par la coupe fig. 15. On a longtemps prétendu que ces trous avaient dû être faits au moyen d'un tube de métal; mais le professeur Keller, célèbre par ses éminents travaux sur les habitations lacustres de la Suisse, a percé des trous semblables dans des haches en pierre en se servant uniquement de sable, d'eau et d'un os creux ou d'un tube de corne ou de bois. Le trou percé de cette façon présentait, avant la perforation complète, tout a fait le même aspect que celui de la fig. 15. Dans ce cas-ci, comme dans le premier, c'était naturellement aux grains de sable

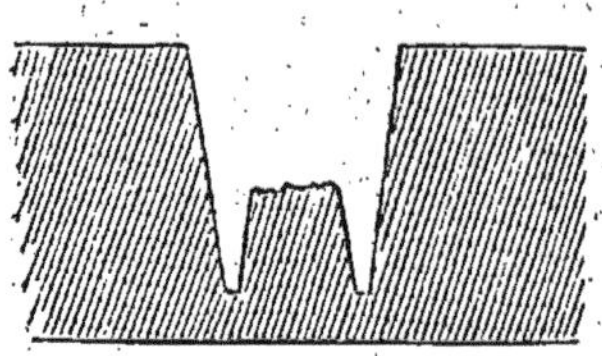

15. *Coupe d'une hache dont le trou n'est pas achevé.*

que l'on devait la formation du trou. Cette méthode exige infiniment moins de temps que la première, vu qu'il n'est nécessaire d'enlever par la friction que l'évidement circulaire autour du boulon central.

Tout indique que, presque sans exception, les antiquités de l'âge de la pierre trouvées en Suède ont été fabriquées dans le pays. On a découvert, chez nous comme ailleurs, plusieurs endroits où s'est opérée la fabrication d'objets en silex pendant l'âge de la pierre. Ces endroits sont couverts d'une foule d'éclats de silex, d'ouvrages à moitié prêts ou manqués, de polissoirs, etc. On connaît des »ateliers» de ce genre depuis les provinces du sud jusqu'au Bohuslän septentrional, mais principalement en Scanie, quelle province est très-riche en silex brut.

Les Scandinaves du second âge de la pierre (âge de la pierre polie) s'étaient élevés déjà à un degré suffisant de civilisation pour fabriquer non-seulement les objets indispensables aux besoins élémentaires de la vie, mais encore pour donner à ces objets toute l'élégance possible. Nous

en trouvons la preuve dans la circonstance que les haches et les
ciseaux sont ordinairement polis
avec soin, tant au tranchant que
sur toute la surface (ff. 7, 8, 10
et 20). Quant au goût artistique
du peuple de l'âge de la pierre, le
poignard en silex reproduit ci-
contre et une foule d'objets semblables nous en fournissent de
fort beaux échantillons.

Les longues et étroites pointes
de lance en silex témoignent de
l'habileté extraordinaire qui a pré-
sidé au travail de ces armes, surtout
si nous nous rappelons qu'elles n'ont
pas été polies en employant toute
la prudence possible, mais taillées à
coups réitérés avec une hardiesse
surpassée seulement par la sûreté
de la main qui dirigeait le marteau
percuteur. Le moindre coup donné à faux ou le plus minime trem-
blement de la main aurait suffi à
détruire l'ouvrage entier, que notre
époque, avec son habileté poussée
si loin à tant d'autres égards, serait
hors d'état d'imiter.

16. *Poignard en silex.*
Scanie. ½.

On n'a pas trouvé jusqu'ici les moindres traces des habitations de l'âge de la pierre. Nous pouvons admettre toutefois, sans risquer de nous tromper beaucoup, que c'étaient ou des tentes en peau ressemblant à celles des Lapons *(kåtor)*, ou de simples huttes de bois. Les ruines des stations lacustres de la Suisse nous montrent que les habitations de l'âge de la pierre de ce pays étaient des huttes pareilles.

Le professeur Nilsson a fait remarquer la ressemblance de forme qui existe incontestablement entre les sépultures à galerie scandinaves (fig. 27) et les demeures des

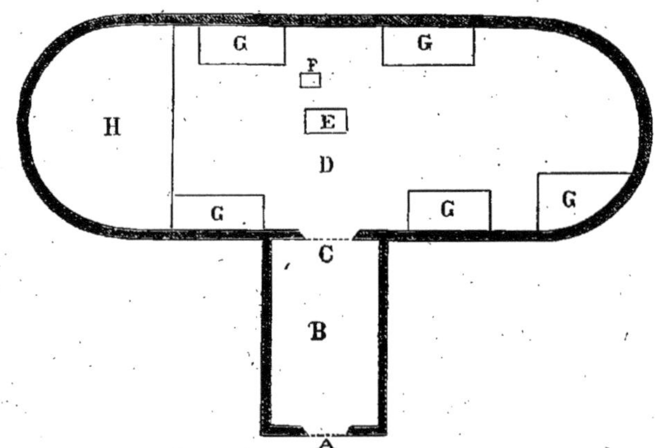

17. *Plan d'un »gammé«, habitation des Lapons norvégiens*[1].

populations polaires de l'Amérique et de l'Europe. Il considère que ces sépultures à galerie, d'une forme peu propre et peu naturelle pour des tombeaux, ont été construites en conformité des demeures des vivants, et que, par conséquent, ces dernières ressemblaient à celles encore

---

[1] *A* la porte extérieure; *B* le passage; *C* la porte intérieure; *D* la chambre; *E* le foyer; *F* ouverture pratiquée dans le toit pour la fumée; *G G* lits; *H* enclos pour les brebis et les chèvres.

en usage de nos jours dans les régions polaires de l'Amérique. Elles auraient donc été formées d'une chambre basse, quadrangulaire, ovale ou ronde, à laquelle conduisait, du sud ou de l'est, une galerie longue et étroite, plus basse que la chambre.

Les seuls vestiges certains d'habitations scandinaves de l'âge de la pierre que l'on ait trouvés jusqu'ici, sont les foyers ou âtres que l'on rencontre au milieu des »kjökkenmöddings» et dans plusieurs autres endroits. Ces foyers rudimentaires, formés de quelques pierres juxtaposées, devenues cassantes par l'effet du feu, et recouverts de charbon et de cendres, ont été découverts sur plusieurs points de la Suède méridionale, dans des circonstances montrant qu'ils appartiennent au second âge de la pierre.

Les principaux outils dont les populations scandinaves de l'âge de la pierre se servaient pour la fabrication de leurs ouvrages en bois, étaient des couteaux, des scies, des perçoirs, des ciseaux et des haches.

Les éclats de silex, du genre de celui reproduit fig. 4, servaient de couteaux à tailler. Quand ils sont bien faits et qu'ils n'ont pas de brèche, ils présentent des deux côtés un tranchant très-acéré, dû non au polissage, mais à l'angle aigu que forment les côtés entre eux. Les couteaux du genre de la fig. 16 n'ont probablement pas servi à couper le bois; c'étaient des armes de chasse ou des poignards.

Plusieurs des outils en silex en forme de croissant paraissent avoir été employés comme scies, vu que le tranchant en est souvent armé de dentelures évidentes (voir fig. 13).

Le tranchant des ciseaux est ou droit ou évidé comme dans les gouges reproduites fig. 7 et 10. Celle-là présente

à peu près les mêmes dimensions que nos gouges ordinaires, quoique la plupart des ciseaux en pierre soient
plus larges et plus grands.

Les haches (ff. 5, 8 et 20) présentent souvent de très-
grandes dimensions; celles en silex ont parfois une lon-

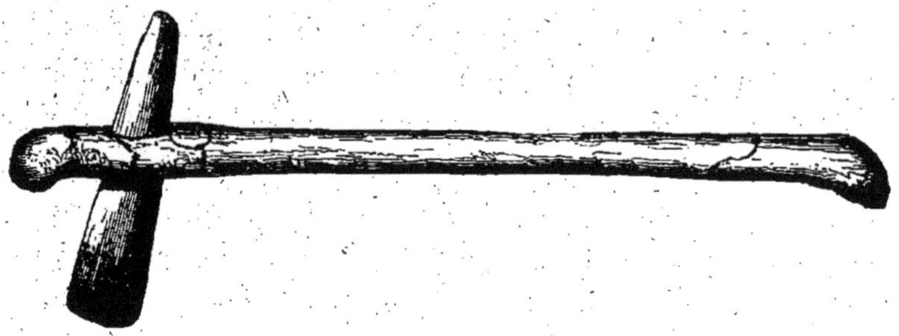

18. *Hache en pierre, à manche de bois, trouvée dans une tourbière
anglaise.*

19. *Hache moderne en pierre, à manche de bois. Nouvelle Calédonie.* $\frac{1}{6}$.

gueur de 45 centimètres. Il est facile de comprendre
comment étaient emmanchées les haches en pierre percées
d'un trou. Mais, comme nous l'avons vu, les haches en

silex ne portent jamais de trou pareil. La plupart étaient probablement fixées comme la hache en pierre, fig. 18, trouvée avec son manche bien conservé dans une tourbière anglaise. Une hache en silex, provenant d'une tourbière des environs de Borreby en Scanie, porte encore les traces évidentes d'un mode similaire d'emmanchure. Outre les haches en pierre ayant conservé leur manche trouvées parfois en Europe, les haches qu'ont fournies de nos jours les peuples sauvages (fig. 19), montrent aussi comment elles peuvent être solidement fixées dans un manche, quoiqu'elles ne possèdent aucun trou d'emmanchure.

Le tranchant d'une hache ou d'un ciseau en silex bien aiguisé est très-acéré, mais il s'émousse facilement et se brise bientôt. Il est donc probable que les Scandinaves de l'âge de la pierre essayaient de faciliter le travail du bois de la même manière que le font encore les sauvages actuels, en carbonisant au moyen du feu la partie du bois qui doit être enlevée. La possibilité de la confection d'ouvrages très-fins au moyen de ces outils en pierre, qui nous paraissent si simples et si grossiers, nous est démontrée par les preuves de dextérité que nous fournissent encore les peuplades américaines actuelles, comme par les élégantes productions en os, en corne, en ambre, etc., trouvées dans les »kjökkenmöddings» et dans les sé-

20. *Hache en silex portant les traces du manche. Sc.* $\frac{1}{3}$.

pultures à galerie (Voy. ff. 22 et 24, et Ant. Suéd., ff. 53, 75—91).

En fait d'outils employés pendant l'âge de la pierre à la confection des vêtements, nous signalerons surtout une foule de grattoirs en silex (ff. 3 et 21), au moyen desquels on nettoyait et l'on préparait les peaux destinées

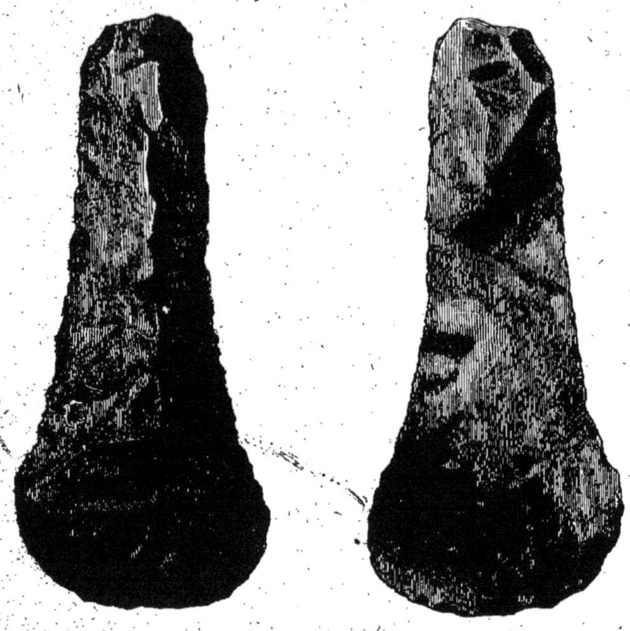

21 a.   21 b.

Les deux faces d'un grattoir en silex. Bohusl. ½.

à servir d'habillements, de même que des alènes en os, des aiguilles et une espèce de peigne de la même matière. Ce dernier s'employait probablement, à l'instar d'un instrument semblable chez les Esquimaux, à diviser les tendons qui servaient de fil.

Si l'on n'a pas encore rencontré de débris des vêtements mêmes dans les trouvailles scandinaves de l'âge de là pierre, on a toute cause d'admettre qu'ils se composaient de peaux, sinon exclusivement, du moins à titre principal, comme c'est encore le cas chez les populations polaires de l'Europe et de l'Amérique. Il est possible, cependant, que les étoffes de laine tissée aient été connues dans le Nord' vers la fin de l'âge de la pierre, vu que le mouton y existait alors à l'état domestique. Les trouvailles remarquables, si riches en renseignements même pour nos contrées, qu'ont fournies les stations lacustres de la Suisse, ont montré que, pendant l'âge de la pierre, non-seulement les étoffes tissées étaient connues dans ce dernier pays, mais encore que l'on y cultivait le lin.

L'ambre, si commun sur les rivages méridionaux de la Baltique et même sur les côtes de la Scanie, servait déjà pendant l'âge de la pierre à la confection de parures, telles que perles, portées en collier, etc. La fig. 22 reproduit une perle du type le plus commun à cette époque, que l'on ne rencontre presque jamais dans les trouvailles d'époques plus récentes. Les sépultures suédoises contiennent des nombres considérables de perles en ambre, et cela non-seulement en Scanie, mais encore même jusqu'en Vestrogothie, où l'ambre doit avoir été transporté par la voie de terre, alors

22. *Perle en ambre. Vestrog.* ½.

très-longue, qui de la Scanie ou du Danemark conduisait à cette province. C'est ainsi que l'on trouva en 1868 plus de 200 perles en ambre dans une sépulture à galerie du voisinage de la ville de Falköping.

On a également rencontré, dans les tombeaux de l'âge de la pierre suédois, des perles et des pendeloques en os, de même que des dents perforées d'ours, de loup, de chien et de plusieurs autres animaux, lesquelles avaient évidemment servi de parures. Il est probable que les dents des grands carnassiers se portaient aussi comme trophées, comme les glorieux souvenirs de luttes infiniment plus périlleuses pour les chasseurs de l'âge de la pierre, que pour nos Nimrods modernes armés de fusils rayés. La coutume de porter en guise de parure des dents d'animaux perforécs a survécu à l'âge de la pierre. On en a trouvé dans les tombeaux livoniens de l'âge du fer, et le célèbre naturaliste allemand Virchow rencontra, il y a quelques années, lors d'une excursion dans les montagnes du Tyrol, un garde-vignes portant un couvre-chef couronné de plumes de coq et d'une queue de renard, et, sur la poitrine, une parure de dents de sanglier.

Les boucliers étaient probablement les seules armes défensives. Or, comme ils n'étaient naturellement confectionnés que de bois, de peau ou d'autres matières facilement détruites, il ne nous en est pas parvenu de débris.

Les armes offensives étaient la hache et le casse-tête, le poignard, la lance, la flèche et l'arc, et probablement aussi la massue et la fronde, quoique, pour la même raison qu'à l'égard des boucliers, ces trois dernières espèces, si communes chez les peuples sauvages, ne nous aient pas été conservées. Il nous est parvenu, par contre, des milliers d'exemplaires des autres armes.

L'on peut, sans hésiter, voir des armes dans les haches en pierre des types des fig. 12 et 23, tandis que les haches en silex et en trapp (diorite, ff. 5, 8 et 20), mentionnées plus haut, ont sans nul doute servi à la fois d'outils et d'armes. La fig. 16 représente un poignard en silex d'un travail remarquable. La poignée est dilatée en arrière, et ses bords sont ornés de petites dentelures fines et régulières

d'une rare élégance. Les têtes de lance et de flèche sont
ordinairement en silex, parfois en os. Les pointes de
lance en silex sont souvent très-grandes et mesurent jusqu'à
40 centimètres. La plupart des têtes de flèche en silex

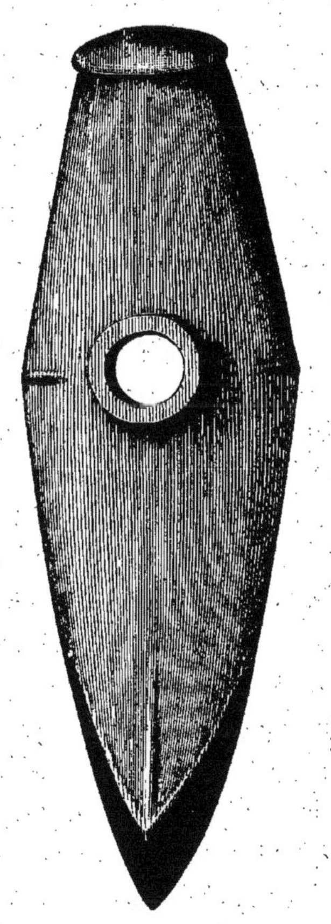

23 a. *Hache-marteau en trapp.*   23 b. *La même hache vue de*
      Scanie. ½.   *côté.*

sont ou longues, étroites et triangulaires (Ant. Suèd., fig. 65),
ou courtes, larges et minces, et, dans ce dernier cas, souvent munies de barbes (fig. 6). On connaît en outre une
espèce de flèches en silex à tranchant transversal (Ant.

Suéd., fig. 66); elles se rencontrent en Suède principalement dans le »Lindormabacken», nom qui désigne une partie du rivage sablonneux de la mer au sud de Kristianstad (Scanie), où la fabrication des objets en silex paraît avoir eu lieu sur une grande échelle pendant l'âge de la pierre. On a trouvé, dans une tourbière danoise, une flèche à tranchant transversal identique, ayant encore sa tige; et, dans une grotte de la France, qui avait servi de chambre sépulcrale, on découvrit, en 1871, les squelettes de plusieurs individus, dont l'un avait reçu la mort au moyen d'une flèche semblable. La flèche était encore profondément enfoncée dans une vertèbre dorsale.

Nous connaissons plusieurs autres exemples d'hommes tués par l'agence d'armes de pierre. Au commencement de ce siècle, on découvrit, au fond d'un cairn de l'Écosse méridionale, un cercueil en pierre (ciste funéraire) contenant le squelette d'un homme, dont l'un des bras avait presque été séparé de l'épaule par un coup de hache en pierre; un fragment de l'arme était resté dans l'os. On a de même recueilli dans une sépulture à galerie, à Borreby dans l'île de Sélande (Danemark), une petite pointe de flèche enfoncée dans l'orbite d'un crâne.

Il est naturel que ces armes servaient non-seulement à la guerre, mais encore à la chasse, circonstance prouvée au reste par les trouvailles plus ou moins fréquentes d'os d'animaux qui avaient été tués ou blessés par une pointe de flèche ou par une autre arme en pierre. Ainsi, pour ne citer qu'un exemple, on trouva en Danemark, il y a quelques années, un squelette de cerf dans l'os maxillaire duquel se voyait encore une pointe de flèche en silex.

La chasse et la pêche constituaient les principales
industries de l'âge de la pierre. Les »kjökkenmöddings»
nous montrent qu'elles étaient les seules dans la première
partie de la période. Il est probable que les grands animaux étaient souvent pris ou tués dans des fosses ou dans
des piéges, de la même façon que dans d'autres contrées
et à des époques plus récentes.

En fait d'attirails de pêche de l'âge de la pierre en
Suède, on a trouvé des hameçons soit entièrement en os
(fig. 24), soit en os avec la pointe et les
barbes en silex, de même que des harpons
et des fouines, ces dernières en os. Les filets n'étaient probablement pas inconnus;
parme les objets fournis par la station lacustre suisse de Robenhausen, appartenant
à l'âge de la pierre, se trouvaient des fragments de filet à mailles de près de 6 centimètres.

24. *Hameçon en
os. Vestrog.* $\frac{1}{3}$.

La circonstance que les Scandinaves de
la période paléolithique possédaient une
espèce quelconque d'embarcations ou de bateaux pour la
pêche et les excursions sur l'eau, est prouvée entre autres
par les restes, trouvés dans les »kjökkenmöddings», de poissons de mer n'habitant que les eaux profondes. Les plus
anciennes embarcations étaient probablement des canots
plats faits de troncs d'arbres, que l'on rencontre parfois
dans nos tourbières et dans nos lacs, quoique aucun de
ceux que nous connaissons en Suède ne paraisse appartenir à l'âge de la pierre. Mais la station lacustre de
Robenhausen, mentionnée ci-devant, a fourni deux bateaux
semblables, et les insulaires de la Mer du Sud savaient
se construire des embarcations du même genre longtemps

avant que les Européens les eussent initiés à la connaissance des métaux.

Les os d'animaux domestiques, — boeuf, cheval, mouton, chèvre (?) et porc —, trouvés dans les sépultures à galerie de la Vestrogothie, montrent que, dans la dernière période (la néolithique) de l'âge de la pierre, les habitants de la Suède n'étaient pas exclusivement réduits, pour leur subsistance, aux industries de la chasse et de la pêche. En Suisse, il existait, pendant l'âge de la pierre, non-seulement un élevage régulier du bétail, mais encore on s'y livrait déjà à l'agriculture. On cultivait, outre le lin, dont nous avons déjà parlé, plusieurs céréales, dont trois sortes de froment, et de l'orge à deux et à six rangs. Nous ne possédons pas, il est vrai, de preuves positives que l'agriculture ait existé en Suède à cette époque reculée, mais différentes circonstances semblent indiquer qu'elle n'y était pas totalement inconnue.

Les foyers déjà mentionnés (p. 19) montrent que le Scandinave de l'âge de la pierre cuisait sa nourriture. Il pouvait se procurer du feu, soit, à l'instar de divers peuples sauvages actuels, par le frottement rapide et prolongé de deux morceaux de bois l'un contre l'autre, soit à l'aide d'un silex et d'une pyrite employés à peu près de la même manière que notre briquet et notre pierre à feu modernes. On a trouvé, dans des tombeaux anglais, des silex et des fragments de pyrite portant les signes évidents de leur emploi dans le but précité.

Plusieurs des vases en argile trouvés dans les tombeaux suédois de l'âge de la pierre ont servi sans doute de vases à cuire. Un grand nombre ont les bords percés de petits trous, paraissant indiquer que ces vases se suspendaient au-dessus du feu (fig 25; cf. Ant. Suéd., fig. 94). Ils sont généralement d'une belle facture, quoiqu'ils aient été confectionnés à la main, sans l'aide du tour qu'ils du potier; assez souvent, ils sont décorés de traits en creux, remplis d'une matière blanche ressemblant à du gypse.

Il est probable que les Suédois de l'âge de la pierre possédaient déja des demeures fixes; c'est ce que semblent trahir du moins leurs monuments funéraires souvent grandioses, indices assez sûrs d'une vie sociale réglée et des travaux combinés d'une famille petite ou de toute une communauté. Les tombeaux appartenant à cette période sont ordinairement désignés sous les noms de *stendösar* (sing. *stendös*; dolmens, crom-

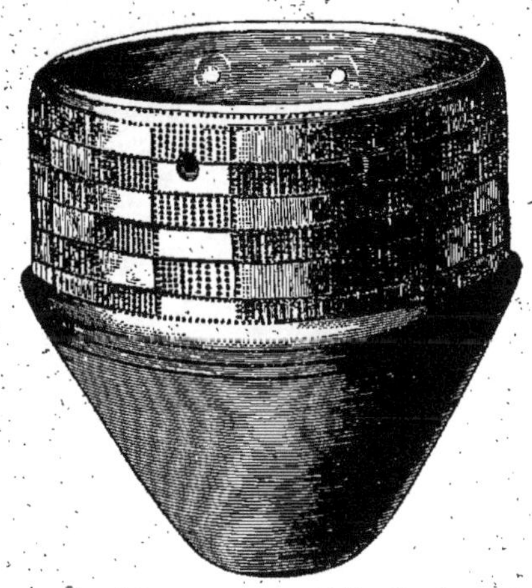

25. *Vase en argile. Sc. ⅓.*

lechs), de *gånggrifter* (sing. *gånggrift*; sépultures à galerie) et de *hällkistor* (sing. *hällkista*; grandes cistes funéraires).

Le *stendös* (dolmen ou cromlech; fig. 26) est une chambre sépulcrale, dont les parois sont formées de grands blocs de pierre posés de champ, allant du plancher au plafond, planes à l'intérieur, mais à extérieur ordinairement inégaux. Le plancher se compose de sable ou de petites pierres. Le plafond ou le toit est formé d'une ou de plusieurs grandes dalles, également planes sur le côté tourné vers la chambre, mais au reste irrégulières. La forme de celle-ci est quadrangulaire, pentagone, ovale ou presque ronde.

Les *gånggrifter* (sépultures à galerie) ou *jättestugor* (chambres de géant), comme on les appelle aussi, sont construites de la même façon que les *dösar* (dolmens);

26.　*Dolmen (»stendös») à Stala, Bohuslän.*

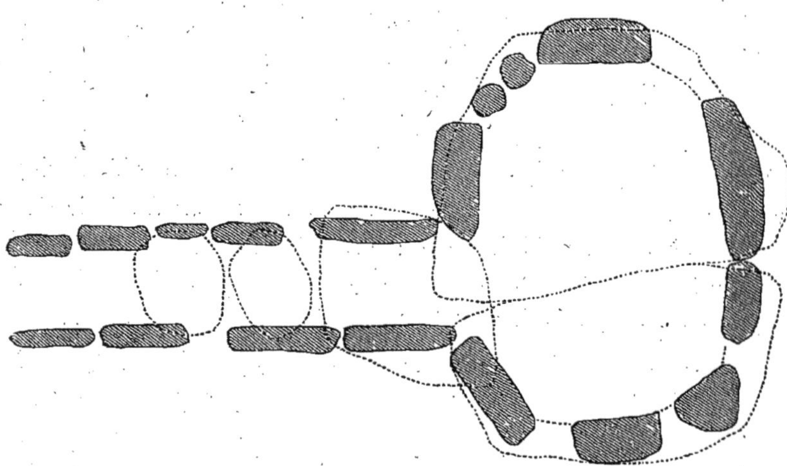

27.　*Plan de la sépulture à galerie (»gånggrift») de Ottagården; tout près de la ville de Falköping, Vestrogothie. (Cf. la fig. 17, p. 18).*

mais elles sont plus grandes, et se distinguent par une galerie couverte, souvent très-longue, orientée à l'est ou au 'sud. Il existe plusieurs formes intermédiaires entre ces deux espèces de monuments mégalithiques.

La chambre d'une sépulture à galerie mesure de 4—17 mètres de longueur sur une largeur de 1,5—3 m. et une hauteur de 1,3—2 m. La galerie est plus étroite et plus basse, mais souvent aussi longue que la chambre.

Ces tombeaux sont ou enfouis sous un monticule de terre artificiel, qui ressemble aux tumulus des dernières périodes payennes, ou, encore, on les rencontre plus ou

28. *Grande ciste en pierre (»hällkista») à Skottened, Vestrogothie.*

moins au grand jour, ordinairément sur une éminence entourée d'un cerle de pierres.

En Suède, les dolmens et les sépultures à galerie sont nombreux le long des côtes de la Scanie, de même que dans les environs de Falköping en Vestrogothie, et dans le Bohuslän (Suède de l'Ouest); on les rencontre, quoique en plus petit nombre, dans d'autres régions de la Vestrogothie, dans le Halland et sur l'île d'Öland. On a trouvé également, en Néricie et dans la Sudermanie occidentale, quelques monuments antiques qui, du moins par leur forme, ressemblent beaucoup aux sépultures à galerie. Tout récemment on a découvert un dolmen en Norvége, le premier que l'on connaisse de ce pays. Ces tombeaux sont très-nombreux en Danemark. On les rencontre en outre dans les Iles Britanniques et le long de côtes de l'Europe, depuis l'embouchure de la Vistule jusqu'en Grèce, et en Crimée, dans l'Afrique du Nord, en Palestine et dans l'Inde. Les Kassiens, peuple sauvage du haut-plateau du Décan, construisent encore de nos jours des dolmens pour leurs morts.

La *hällkista* (grande ciste en pierre) est une grande caisse, oblongue, quadrangulaire, ressemblant à la sépulture à galerie, mais sans ce dernier appendice et ordinairement construite de dalles moins épaisses. La partie inférieure est entourée d'un petit remblai de terre ou de pierres, mais la partie supérieure est presque toujours libre. Ces tombeaux, particuliers à la Suède, sont très-remarquables en ce qu'ils constituent une espèce de forme intermédiaire entre les sépultures à galerie et les grandes cistes en pierre du premier âge du bronze, recouvertes d'un tumulus (page 74). Les *hällkistor* se rencontrent en grand nombre dans la Vestrogothie, le Bohuslän, le Dalsland et la région S. O. du Vermland. On voit de même en Ostrogothie, en Småland, en Bleking et en Scanie des tombeaux de ce type de l'âge de la pierre, mais ils y sont à la règle recouverts d'un tumulus.

Les hommes de l'âge de la pierre ne brûlaient pas leurs morts. Ils les enterraient souvent dans une position assise et plaçaient à leur côté des farmes, des outils ou des parures. On trouve souvent dans les tombeaux de cette époque des vases en argile, qui ne sont actuellement

remplis que de terre; peut-être ont-ils contenu jadis de
la nourriture, dont on croyait que le mort aurait besoin de
l'autre côté de la tombe.

Les soins que l'on consacrait au lieu de repos des
morts, semblent trahir la croyance en une vie future; mais
les objets déposés à côté du défunt paraissent indiquer
que l'on se représentait cette vie d'outre-tombe comme une
continuation de la vie terrestre, avec les mêmes besoins
et les mêmes joies.

L'extension géographique des diverses espèces de
sépultures décrites ci-dessus montre que la plus grande
partie du Götaland actuel, le Vermland méridional et probablement aussi la Néricie et la région occidentale de la
Sudermanie étaient déjà plus ou moins peuplés avant la
fin de l'âge de la pierre. On a également trouvé des
objets en pierres épars dans d'autres parties du pays,
surtout dans la Sudermanie orientale, l'Uppland et le Vestmanland; mais il est difficile de décider d'une manière
positive s'il faut voir dans ces objets des monuments de
l'âge de la pierre ou d'une époque un peu plus récente.
La cause de cette indécision, c'est que, comme le montrent
plusieurs trouvailles, les objets en pierre furent en usage
au moins pendant une certaine partie de l'âge du bronze.

De toutes les provinces de la Suède, la Scanie présentait indubitablement la population la plus dense, fait qui
s'applique surtout aux plaines basses situées le long des
côtes. Des 36,000 antiquités en pierre environ que l'on
sait actuellement avoir été trouvées en Suède, près de
30,000 proviennent de la Scanie. On n'en connaît que
2000 du Svealand et du Norrland réunis. En Scanie, la
plus grande partie des objets en pierre (environ 26,000)
sont en silex; dans la vallée du Mälar, les objets en silex

sont si rares, que parmi les 800 antiquités en pierre actuellement connues de la Sudermanie, 60 à peine sont en silex.

Vers la fin de l'âge de la pierre, les habitants de la Scandinavie ignoraient encore totalement, non-seulement l'usage des métaux, même de l'or, mais aussi l'art de l'écriture. Nous ne possédons, par suite, aucun monument de la langue des hommes de cet âge, qui puisse nous fournir des données sur la race du peuple qui appelait alors la Suède sa patrie. On a essayé de répondre à cette question à l'aide des crânes trouvés dans les tombeaux de la période. Quelques-uns de ces crânes ressemblent beaucoup à ceux des Lapons, mais la plupart présentent une assez grande ressemblance avec les crânes des Suédois actuels; cela semblerait donc indiquer, déjà à cette époque reculée, un mélange de deux races différentes.

La longue durée de l'âge de la pierre dans le Nord ressort entre autres de la circonstance que cette période a atteint chez nous un degré de perfection de beaucoup supérieur à celui qui la distingue dans le reste de l'Europe. Il nous est imposible de déterminer, même approximativement, l'époque où l'âge de la pierre se termina dans nos contrées. Tout paraît cependant indiquer que cela eut lieu *plutôt avant qu'après* l'an 1000 avant J.-C., par conséquent 3000 ans avant notre siècle. Il avait cessé à une époque infiniment plus ancienne dans la plupart des pays de l'Orient et de l'Europe du Sud, tandis que, d'autre part, cette période préhistorique s'est perpétuée jusqu'à nos jours dans certaines parties du Nouveau Monde.

On a signalé des traces de l'âge de la pierre dans presque tous les pays du monde, en France et en Angleterre comme dans le sol classique de l'Italie et de la Grèce, dans les antiques berceaux de la civilisation qui s'appellent l'Égypte, l'Asie Mineure et l'Inde, tout aussi bien qu'en Chine et au Japon.

La découverte la plus importante pour la connaissance de l'âge de la pierre suédois, faite dans d'autres pays pendant les dernières périodes décennales, est celle des habitations lacustres sur pilotis si nombreuses dans plusieurs lacs de la Suisse.

Les premières furent découvertes pendant l'hiver de 1853—1854. On a trouvé plus tard, dans une foule de localités de la Suisse et d'autres pays, des restes de ces villages si singuliers, construits, dans les eaux des lacs, sur de grands planchers séparés de la terre et établis sur des centaines ou sur des milliers de pieux enfoncés dans l'eau. Plusieurs de ces villages ont été ou détruits par le feu, ou abandonnés pour d'autres raisons déjà pendant l'âge de la pierre; d'autres sont plus récents. Souvent, la tourbe qui s'est formée sur les ruines a conservé même les parties les plus minimes et les plus délicates du mobilier. Ces trouvailles remarquables nous montrent un peuple de l'âge de la pierre possédant des demeures fixes, soignant le bétail, connaissant l'agriculture et ayant laissé plusieurs autres traces d'une civilisation supérieure à celle que l'on serait disposé à reconnaître à cette période.

Le fait que l'âge de la pierre n'est pas absolument synonyme d'un manque total de civilisation, nous est démontré par l'étonnant degré de culture existant à Otaheiti avant la première visite des Européens, quoique les habitants de cette île ignorassent si complètement l'usage des métaux, qu'ils plantèrent au commencement dans leurs jardins les aiguilles à coudre en fer que leur donnèrent les compagnons de Cook; ils prenaient ces aiguilles pour des boutures ou pour des rejetons d'un végétal très-dur, dans lesquels ils espéraient que la vie ne serait pas totalement éteinte.

Quand l'âge de la pierre eut cessé, la vraie signification des objets en pierre tomba bientôt dans l'oubli. Les rencontrait-on de temps à autre dans le sol, on les nommait »carreaux ou maillets de foudre» (*åsk-viggar*), ou »maillets de Thor» (*Thors-viggar*), et on les croyait être tombés sur la terre avec la foudre. Cette croyance et cette dénomination, encore très-communes dans notre pays, se retrouvent presque sur toute l'étendue du globe, depuis le Japon jusque dans l'Amérique du Sud.

Tout aussi générale que cette croyance en l'origine céleste des haches de pierre, paraît être la superstition que ces haches sont des talismans assurés contre la foudre et d'autres sinistres. Il est encore, au jour actuel, souvent impossible d'engager certaines personnes à vendre des antiquités en pierre, vu qu'elles croient perdre une amulette protectrice. On conserve au Musée de Visby une hache en pierre que, pendant nombre d'années, sa propriétaire tenait suspendue dans sa cuve à bière afin d'empêcher les »trolles» *(trollen*, sing. *troll*, follets, mauvais esprits) de gâter le brassin. Il n'y a pas longtemps qu'un paysan du Vermland attachait des haches de pierre en guise de poids à ses filets, prétendant avoir remarqué que le poisson entrait plus avidement dans ces derniers que dans les filets auxquels ne pendaient pas des haches pareilles.

Une vertu miraculeuse est attribuée aux objets en pierre même contre les maladies des gens et des animaux. On conserve au Musée National une hache en pierre, de la province de Blekinge, dont le tranchant a été réduit en poudre, et donné comme remède à des bêtes malades.

On connaît, d'une foule d'époques et de peuples différents, des objets en pierre employés comme amulettes. L'un des exemples les plus intéressants est sans nul doute une hachette en néphrite, venue probablement de l'Égypte, couverte de formules gnostiques; les caractères sont grecs, du type en usage à Alexandrie dans le 3:ème et le 4:ème siècle de notre ère.

2. L'âge du bronze.

(Depuis environ l'an 1000 avant J.-C., jusqu'au commencement de l'ère chrétienne.)

Pendant l'âge de la pierre, les habitants de la Suède s'étaient élevés au-dessus de la condition des peuples »sauvages». Mais, aussi longtemps qu'ils ignorèrent totalement l'usage des métaux, il leur fut impossible d'atteindre à un degré supérieur de civilisation. Enfin, quoique tard, parvinrent jusqu'à nos lointaines contrées les fruits des travaux des peuples civilisés de l'Orient dans le domaine de la culture humaine, et la connaissance des métaux, d'abord uniquement celle du bronze et de l'or, inaugura pour le Nord scandinave une période nouvelle, que l'on a nommée *l'âge du bronze.*

On comprend, sous cette dénomination, la période de l'histoire primitive de la civilisation des peuples du Nord, où ils remplacèrent, dans la confection de leurs armes, de leurs outils, etc., la pierre par le *bronze*, c.-à-d. par un alliage de cuivre et d'étain.

Avant d'aller plus loin, je crois devoir appeler l'attention sur ce qu'il y a d'incorrect dans l'idée plus ou moins répandue que *toutes* les antiquités en bronze sont attribuées à l'âge du bronze par les archéologues. Il est naturel que, même après la fin de cette période, il s'est fabriqué, comme de nos jours, des vases, des anneaux, des agrafes, des broches et d'autres objets du même métal, quoiqu'ils soient ordinairement d'un alliage un peu différent de celui employé pendant l'âge du bronze proprement dit. A cet âge n'appartiennent en propre, en fait d'objets en bronze, que des armes et des instruments tranchants, avec les vases et les parures qui les accompagnent à l'ordinaire.

Diverses opinions ont été émises sur l'importante question de savoir *comment* l'âge du bronze a commencé dans la Scandinavie. Quelques-uns ont admis que cela s'est fait par l'immigration d'un peuple de race celtique, d'autres, que cela a eu lieu au moyen d'une immigration germanique. Le professeur Nilsson croit pouvoir démontrer que le Nord scandinave doit à des colons phéniciens la première connaissance des métaux, tandis que le professeur Lindenschmit de Mayence et M. Viberg, professeur du gymnase de Gefle, considèrent que l'âge du bronze a commencé dans le Nord par l'influence des Étrusques. Le docteur Wibel, de Kiel, essaie de prouver que les peuples de l'âge de la pierre de l'Europe septentrionale ont appris eux-mêmes à se servir des métaux sans l'intervention d'une influence étrangère.

De fortes raisons paraissent, selon moi, militer pour l'opinion que le commencement de l'âge du bronze en Scandinavie, de beaucoup antérieur à l'influence des Étrusques sur le Nord de l'Europe, n'a été combiné ni avec l'immigration d'un peuple tout nouveau, ni avec des colonies phéniciennes. De l'Asie, la civilisation du bronze, si l'on peut désigner ainsi la culture supérieure basée sur la connaissance de ce métal, s'est successivement répandue vers le nord et le nord-ouest du continent européen, jusqu'à ce qu'elle atteignit enfin les côtes de la Baltique. Une forte preuve à l'appui de cette opinion, c'est que les antiquités de l'âge du bronze trouvées en

Hongrie et dans les pays avoisinants, ressemblent à un haut degré à celles du commencement de l'âge du bronze dans la Scandinavie, tandis que ce n'est pas le cas des antiquités provenant de l'Europe occidentale.

Nous avons déjà signalé que la clôture de l'âge de la pierre, et, par suite, le *commencement de l'âge du bronze* doit avoir eu lieu dans nos pays du Nord il y a environ 3,000 ans. Les recherches les plus récentes ont prouvé que l'âge du bronze *s'est terminé* chez nous à peu près à la naissance de J.-C. Cette période comprendrait donc pour nous les dix siècles qui précédèrent le commencement de l'ère chrétienne.

L'âge du bronze comportant un espace de temps si considérable, il est naturel que l'on ait essayé de faire une distinction entre les antiquités qui appartiennent au commencement et celles qui appartiennent à la fin de cet âge. Une tentative de ce genre sera peut-être jugée comme n'aboutissant à aucun résultat pratique appréciable, vu que l'on n'a jamais rencontré, parmi les milliers de trouvailles actuellement connues de l'âge du bronze scandinave, une seule monnaie ou un autre objet portant une inscription soit suédoise, soit étrangère, et que l'on n'a, pour ainsi dire, jamais trouvé non plus d'objets de l'âge du bronze joints à des ouvrages étrangers dont il fût possible de déterminer l'âge, même approximativement. Grâce, cependant, à une étude attentive et détaillée des nombreuses antiquités et des tombeaux non moins nombreux de l'âge du bronze, on a réussi à déterminer ce qui, dans la Scandinavie, appartient à la première ou à la seconde partie de cette période.

Les ouvrages de la première partie, à laquelle on a donné le nom de **premier âge du bronze,** sont décorés des spirales élégantes et des lignes en zig-zag que l'on voit sur les fig. 29—33. Les tombeaux contiennent des restes de corps qui *n'ont pas subi la crémation*. Les antiquités de cette période trouvées dans la Scandinavie, et qui se montrent avoir été presque toutes fabriquées chez nous, se distinguent par leurs formes élégantes, et témoignent d'une dextérité artistique considérable dans le travail du bronze. Elles l'emportent en général, à ces deux égards, sur presque tous les souvenirs de l'âge du bronze recueillis dans d'autres contrées.

Un coup d'oeil jeté sur les fig. 34—37, montre qu'un tout autre goût et des ornements tout différents distinguent les ouvrages de la dernière partie de la période, celle connue sous le nom de **second âge du bronze,** quoiqu'ils soient aussi les produits d'une évidente dextérité. Ici, l'on ne rencontre pas de spirales gravées ou produites au moyen d'un poinçon; mais les extrémités des anneaux, des manches de couteau, etc., sont souvent enroulées en spirales. Pendant cette période, la crémation des morts paraît avoir été générale.

Cela nous conduirait trop loin de développer ici toutes les preuves militant pour la justesse de cette division. Il nous suffira de signaler que les antiquités du genre de celles reproduites fig. 29—33, ont souvent été trouvées dans les tombeaux contenant des corps non brûlés, mais presque jamais avec des objets des types reproduits par les fig. 34—37, dont, par contre, de nombreuses trouvailles démontrent la contemporanéité avec les tombeaux renfermant des os calcinés. La circonstance que les tombeaux où l'on rencontre des corps non brûlés, sont antérieurs à ceux renfermant des os calcinés, ressort en outre clairement du fait que lorsque, comme c'est souvent le cas, les deux

29. *Hache massive
en bronze, avec trou
d'emmanchure.*
Sc. ½.

30 *b. Pommeau du poignard
fig.* 30. a, *vu d'en haut.* ⅔.

31. *L'un des bouts d'un
bracelet en bronze (f. 51).*
Sc. ¼.

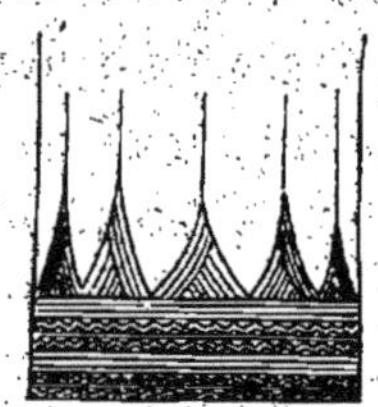

32. *Partie inférieure de
la douille d'une pointe
de lance en bronze.*
Uppl. ⅓.

30. *a. Poignard en
bronze, avec manche
du même métal.*
Öl. ⅓.

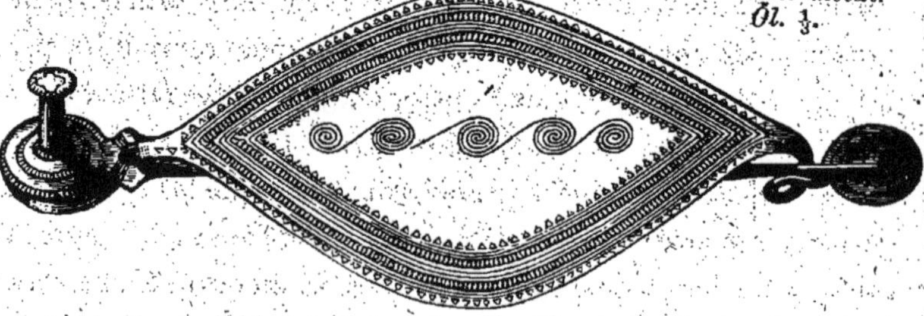

33. *Broche où fibule en bronze.* Sc. ⅔.

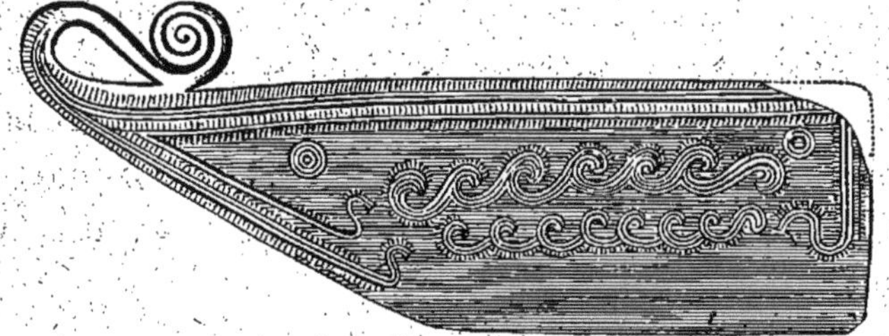

34. *Couteau en bronze. Scanie.* ⅔.

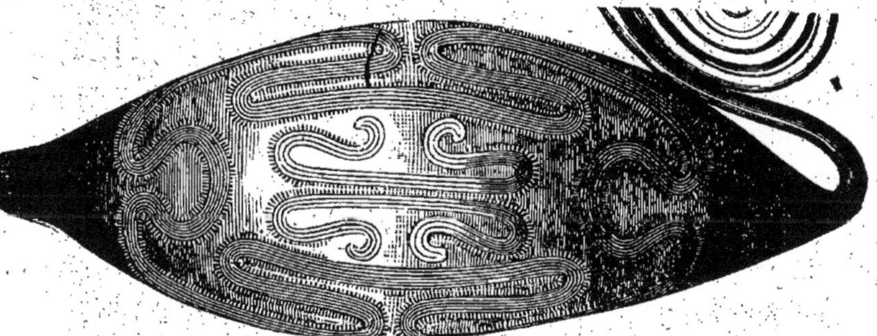

35. *L'une des extrémités d'un grand collier en bronze. Småland.* ⅔.

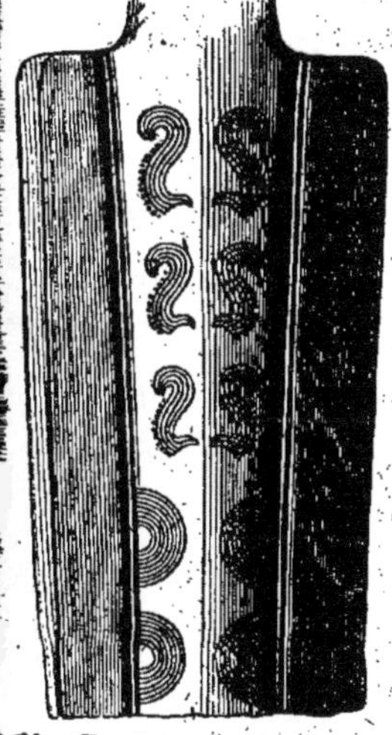

36. *Partie supérieure d'une lame d'épée en bronze. Scanie.* ⅔.

37. *Partie du fond d'une coupe en or. Hall.* ⅓.

espèces se rencontrent dans le même tumulus, les premiers se trouvent toujours au fond et au centre du tumulus, tandis que les-tombeaux renfermant des ossements brûlés se rencontrent plus haut, plus près du bord, et doivent par conséquent être d'une origine plus récente. (Voy. fig. 68, p. 75).

La plupart des antiquités suédoises des deux périodes de l'âge du bronze ont été fabriquées dans le pays. Presque toutes sont produites par la fonte; ce n'est que vers la fin de cet âge que l'on découvre des traces de l'emploi du marteau dans le travail du bronze.

Les preuves de l'origine indigène des bronzes scandinaves sont ou directes, comme je vais le montrer tout à l'heure, ou plus ou moins indirectes, en ceci que la plupart de ces objets (voir p. ex. les fig. 29, 30, 33—35, 39, etc.) appartiennent à des types, ou sont décorés d'ornements qui ne se trouvent nulle part ailleurs que dans la Scandinavie. En général, on peut admettre sans hésitation que si des antiquités d'un certain type sont communes dans une région quelconque, mais qu'elles ne se retrouvent pas dans d'autres parties du monde, elles ont été fabriquées dans cette région.

La principale preuve directe d'une fabrication suédoise assez importante d'objets en bronze pendant cette période, nous est fournie par la découverte, dans notre pays, de différents moules pour la fonte des haches (du type connu sous le nom de *celt*), des couteaux, des scies et des bracelets (Ant. suéd., f. 209—212). La fig. 38 reproduit un moule pareil en pierre pour quatre scies en bronze, trouvé près de Vidtsköfle en Scanie. Deux autres moules découverts en Suède,

et trois en Danemark, ont également servi à la fonte de
scies du même genre. Si l'on ajoute à cela que des scies
en bronze, identiquement du même type (f. 39), ont été
trouvées en très-grand nombre dans la Scandinavie, mais
que l'on n'en connaît pas d'autres contrées, on reçoit de la

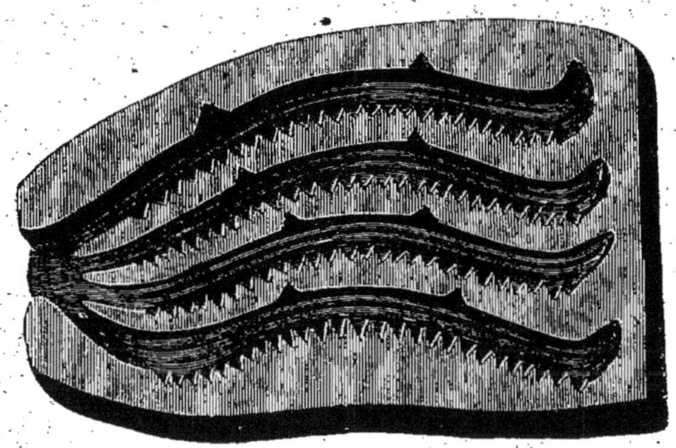

38. *Moule en pierre pour la fonte de quatre scies en bronze du type
fig. 39. Scanie. ½.*

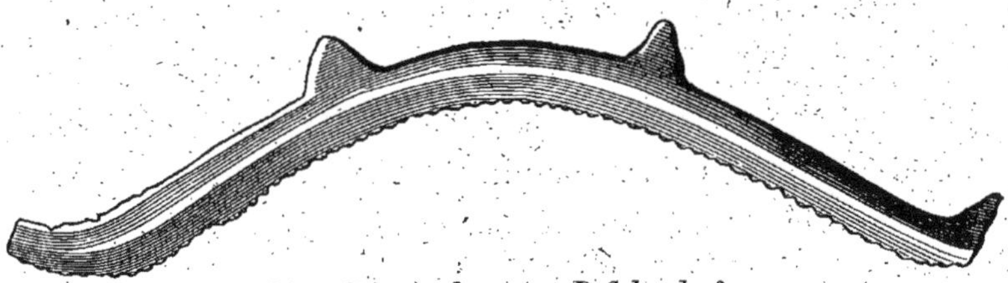

39. *Scie en bronze. Dalsland. ⅔.*

sorte une preuve, tant directe qu'indirecte, d'une portée
toute spéciale pour l'origine scandinave de ces outils.

On connaît actuellement dix moules d'objets en bronze
trouvés en Suède et huit trouvés en Danemark. Si l'on n'en
possède pas un plus grand nombre, c'est probablement en
principale partie par la raison que les procédés de coulage
de la plupart des bronzes emportaient la destruction immédiate des moules.

Une preuve de l'emploi des moules dans notre patrie nous est fournie par les nombreuses trouvailles, dans nos contrées, d'objets de l'âge du bronze qui n'avaient pas reçu le dernier travail après la fonte, ou dont le coulage n'avait pas réussi. Un des exemples les plus remarquables à cet égard, est un vase en bronze trouvé dans l'île de Fionie (»Fyen», Danemark), de la même forme que celui reproduit fig. 67, et qui est encore rempli du noyau d'argile sur lequel le mince métal a été coulé. Le coulage a été manqué, et les ornements usuels ne sont pas encore gravés sur le vase.

Outre les moules, on a trouvé dans la Scandinavie une foule d'autres objets de l'âge du bronze qui constituent des preuves tout aussi directes d'une fabrication indigène importante du bronze pendant cette période. A ces objets appartiennent, p. ex., les culots ou masselottes dont la fig. 40 donne une reproduction. Quand on coule la fonte dans le moule, l'orifice de celui-ci se remplit aussi. Le coulage terminé et le bronze refroidi, on enlève naturellement le culot ou le lingot de bronze qui n'appartient pas à l'objet

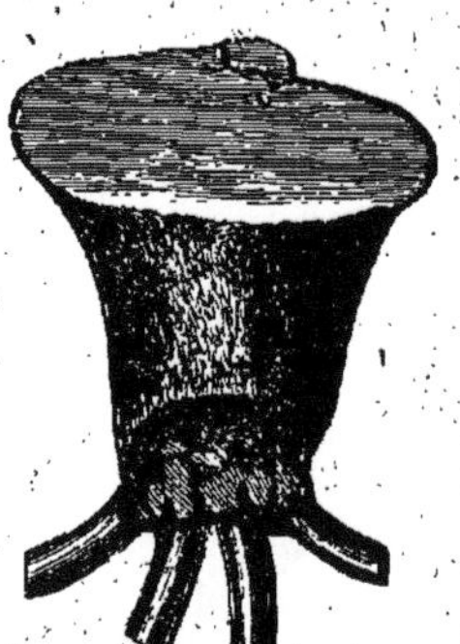

40. *Masselotte ou culot de bronze. Dalsl.* ¼.

fondu, et qui est resté dans l'orifice. L'original de la fig. 40, lequel a évidemment été formé dans un moule pareil à canal divisé en quatre branches comme celui donné fig. 38, a été trouvé à Bräcke dans la paroisse de Jern en Dalsland, près des rives du Vener. Il était déposé dans un vase en argile qui contenait en outre plusieurs autres culots et des lingots de bronze, de même qu'une foule de fragments d'épées, d'anneaux, d'aiguilles, de scies, etc., le tout en bronze. Cette trouvaille du »magasin d'un ouvrier en bronze» reçoit un intérêt encore plus grand de la circonstance qu'une localité voisine (Backen, paroisse de Tössö) a fourni un moule pour les celts.

Des collections semblables d'objets en bronze brisés et évidemment destinés à la refonte, de lingots de bronze, de culots, etc., ont aussi été trouvées dans d'autres parties de la Suède, comme à Åsled en Vestrogothie, à Fredshög et à Odarslöf en Scanie. On a de même rencontré parfois dans le Nord scandinave des lingots de bronze dont la forme trahissait évidemment qu'ils étaient restés, après le coulage, au fond du creuset ou de la poche à couler.

On a aussi découvert de temps à autre dans nos régions de longues et étroites plaques de bronze, mais l'on ne sait pas encore positivement si elles appartiennent ou non à l'âge qui nous occupe. Il vaut toutefois la peine de mentionner que, pour la grandeur comme pour la forme, elles ressemblent presque identiquement à des plaques de bronze trouvées, avec une foule d'antiquités de l'âge du bronze, à Weissig dans le royaume de Saxe.

Tout le bronze employé en Scandinavie pendant l'âge du bronze proprement dit, se compose, comme il a déjà été signalé, d'un alliage de cuivre et *d'étain,* contenant environ 90 % du premier métal et 10 % du second. Comme il n'existe pas de mines d'étain dans la Scandinavie, et que probablement nos mines de cuivre n'ont commencé à être exploitées que plus de mille ans après la fin de l'âge du bronze, nous devons admettre que tout le bronze employé en Suède pendant cette période a été importé de l'étranger. Il est probable qu'il était déjà à l'état d'alliage, car les trouvailles de l'âge du bronze ne contiennent chez nous que très-rarement du cuivre et presque jamais de l'étain à l'état pur.

Comme nous l'avons vu plus haut, presque tous les objets de l'âge du bronze de fabrication suédoise sont en fonte. L'art de couler le bronze était alors porté à une hauteur extraordinaire, ainsi que le prouvent entre autres les grands et minces vases coulés sur un noyau d'argile (voir fig. 67), et surtout deux magnifiques haches en bronze à tranchant très-bombé (Ant. suéd., f. 134—136), trouvées à Skogstorp près d'Eskilstuna. Elles ne sont pas massives, et ne consistent qu'en une mince croûte de bronze, coulée sur un noyau d'argile qui existe encore; l'épaisseur du bronze est à peine de 1,5 mm.

L'art de souder les métaux était inconnu en Suède pendant l'âge du bronze. Quand il s'agissait de réunir deux morceaux de bronze, ou qu'une réparation était nécessaire, on se tirait d'embarras, comme le montrent une foule d'antiquités conservées, soit en se servant de rivets (voir, p. ex., Ant. suéd., f. 123), soit en coulant, d'une manière souvent très-gauche, du bronze sur la cassure.

Les boutons, les poignées d'épée et autres ouvrages en bronze, sont souvent ornés d'incrustations en ambre. — Encore plus souvent, ces ouvrages, comme p. ex. les vases destinés à être suspendus et les poignées d'épée, portent des incrustations d'une masse brun-foncé ressemblant à de la résine, qui doit avoir produit un fort bon effet sur le bronze jaune et brillant presque comme de l'or. On rencontre assez souvent dans nos marais tourbeux de grands gâteaux ronds de cette masse résineuse, qui servait au reste à plusieurs autres buts techniques. La plus grande trouvaille connue de ce genre fut faite en 1845, dans une petite tourbière près de Tågarp en Scanie, où l'on découvrit 14 de ces gâteaux de résine, posés de champ l'un contre l'autre. Ils étaient percés au centre et avaient évidemment été liées ensemble (Ant. suéd., fig. 194).

L'art du doreur, dans le sens propre de ce mot, était encore inconnu. Mais l'on trouve souvent des objets en bronze recouverts de minces plaques d'or. C'est entre autres le cas des deux haches en bronze de Skogstorp, que nous avons déjà mentionnées, et de différentes aiguilles, boutons, poignées d'épée, etc.

———————

Après ce court aperçu de l'industrie du bronze en Suède, nous allons essayer de donner ici la substance de ce que l'on connaît actuellement sur la vie des populations scandinaves de l'âge du bronze.

Il ne nous est pas parvenu de restes des habitations, lesquelles étaient sans nul doute en général de simples huttes en bois, et les »sculptures des rochers» (»*hällrist-ningar*», représentations gravées sur des rochers; v. plus loin) n'en contiennent pas de traces.

Pour l'abattage des arbres, les ouvrages de charpente des maisons et les autres manipulations du bois, les Scandinaves de l'âge du bronze avaient à peu près les mêmes outils que ceux que nous connaissons déjà depuis l'âge de la pierre, savoir des couteaux, des scies (fig. 39), des alènes, des ciseaux ou des gouges, des haches et des marteaux ou maillets; la seule différence, c'est que le bronze avait remplacé la pierre. Cependant, comme le prouvent plusieurs trouvailles, on se servait aussi de divers outils en pierre, peut-être surtout de haches, de marteaux, etc. Le bronze était cher, et l'on pouvait employer avec avantage dans plusieurs cas le silex ou d'autres pierres.

L'outil le plus commun de l'âge du bronze est une espèce de hache ou de ciseau, connue sous le nom de »celt» [1]. Cet outil qui n'est, en effet, qu'une reproduction de la hache en pierre du type représenté fig. 8, fournit les deux variétés des celts à trou d'emmanchure ou à douille (fig. 44) et des celts sans douille (fig. 42 et 43). Ceux-ci s'enfonçaient, comme les haches en silex, dans l'une des extrémités d'un manche fendu. Les celts à douille avaient, par contre, un manche, ordinairement courbé, qui était inséré dans le trou d'emmanchure, et lié au petit œillet placé à la règle immédiatement au-dessous de l'orifice du trou. La grande abondance de ces deux espèces d'outils pendant l'âge du bronze ressort sans peine du fait que l'on ne compte pas moins de 700 celts parmi les 2,500 objets de bronze de cette période qui ont été trouvés en Suède.

41. *Celt à douille, en bronze, et son manche en bois, trouvés dans les salines d'Hallein, Autriche.*

Au reste, on peut appliquer aux celts ce qui a été dit des haches en pierre, savoir qu'une partie en ont servi d'armes, tandis que les autres ont été employés comme outils. Nous devons sans doute voir principalement des armes dans les précieux et élégants celts du type que reproduit la fig. 43; des celts pareils ont souvent été trouvés dans des tombeaux avec d'autres armes.

Les objets nécessaires à la couture ont principalement fourni des aiguilles, des alênes, des pincettes et des

---

[1] Cette dénomination, qui ne présente aucun rapport avec le nom du peuple de keltes ou celtes, a été empruntée au latin, dans lequel le mot *celtis* signifie un ciseau.

couteaux. Cet outillage est presque toujours en bronze, quoique l'on ait trouvé en Suède et en Danemark quelques pincettes (fig. 45) et une alêne en *or*. Il se comprend que les alènes étaient emmanchées, et il nous est parvenu quelques manches pareils, en bronze, en os et en ambre. Les aiguilles servaient à la confection des vêtements de laine dont nous allons bientôt parler. Les autres objets étaient employés dans le travail du cuir ou de la peau. On coupait avec le couteau de minces lanières ou lacets de peau, l'alêne servait à percer les trous, et les pincettes à passer les lacets à travers les trous. Ces derniers instruments étant beaucoup plus nombreux que les aiguilles, on en peut inférer sans doute que les vêtements de peau étaient infiniment plus communs pendant l'âge du bronze que ceux de laine. Les ciseaux étaient encore inconnus, mais on les voit apparaître déjà au commencement de l'âge du fer.

Les trouvailles des dernières années ont fourni les renseignement les plus inattendus sur les vêtements mêmes. Lors de l'exploration, en 1869, d'un tumulus situé sur les terres du domaine de Dömmestorp en Halland, on trouva, dans une ciste en pierre un morceau *d'étoffe de laine* long de 1 m. 49, et large de 59 centimètres, une espèce de châle étendu sur les os calcinés déposés dans la ciste. Il fut impossible d'enlever le châle en entier, mais de grands fragments en furent sauvés, et ils sont conservés au Musée National. Le tissu est à deux chaînes. La couleur en est actuellement brune, mais on apercevait aux deux extrémités un bord jaune-clair de 10 centimètres de largeur.

Deux trouvailles faites en Danemark amenèrent des résultats encore plus surprenants. On découvrit, en 1861, dans le »Treenhöi», tumulus situé à Vamdrup près de

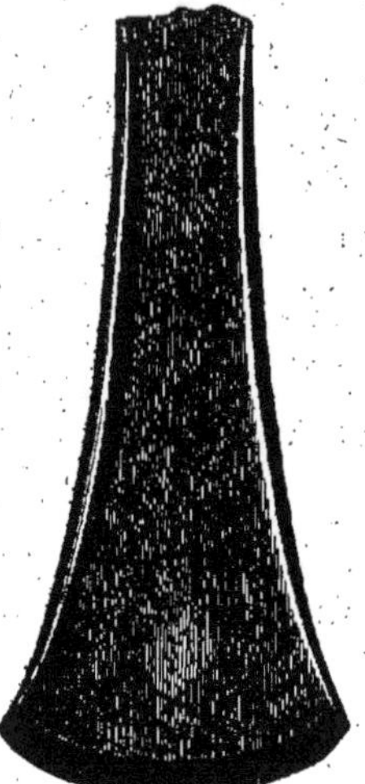

42. *Celt en bronze.*
Medelpad. $\frac{1}{2}$.

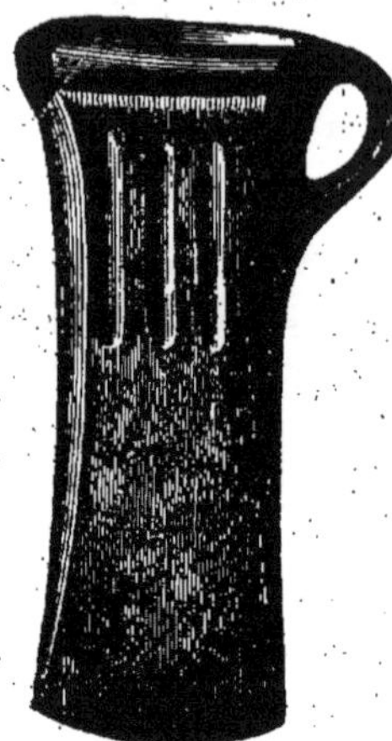

44. *Celt à douille, en*
bronze. Sc. $\frac{2}{3}$.

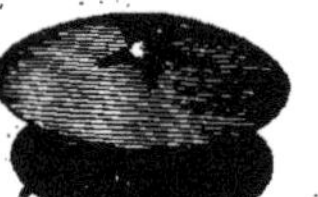

46. *Bouton en bronze.*
Hall. $\frac{1}{1}$.

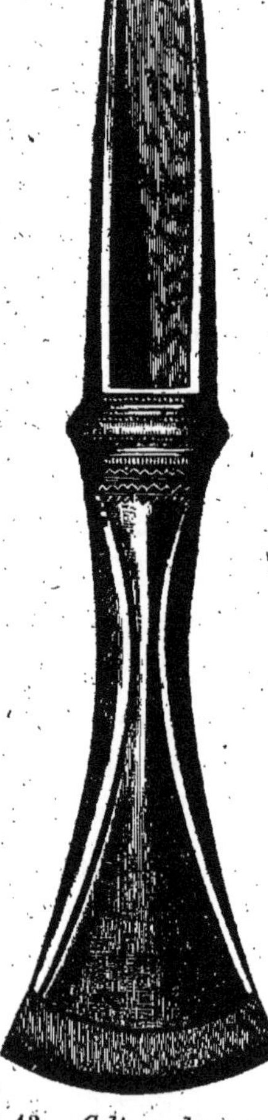

43. *Celt en bronze.*
Öl. $\frac{1}{2}$.

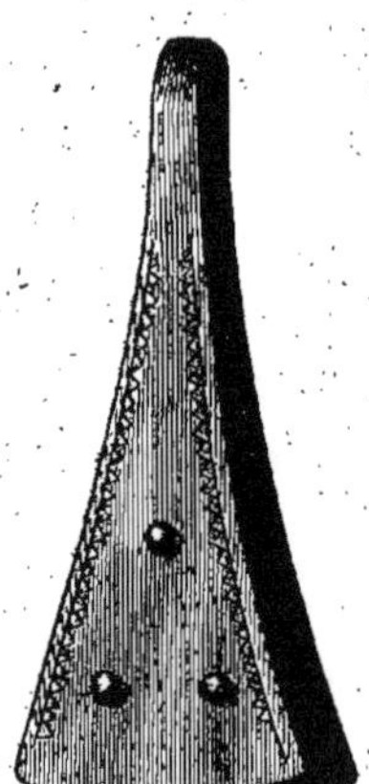

45. *Pincette en or.*
Hall. $\frac{1}{1}$.

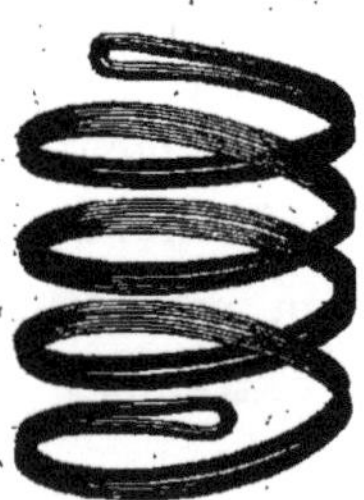

47. *Anneau ou bague*
en spirale, de double
fil d'or. Sc. $\frac{1}{1}$.

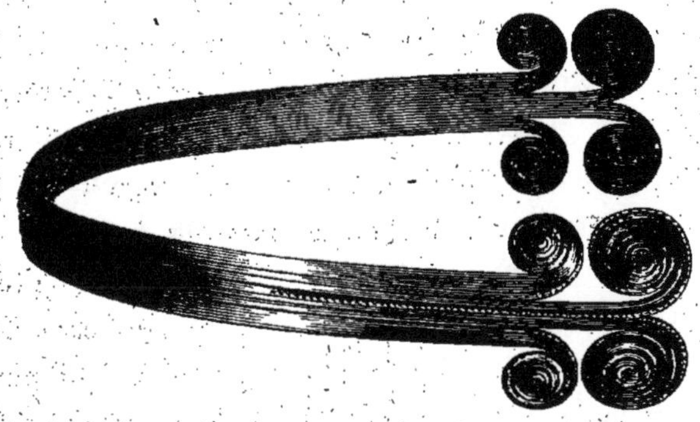

48. *Diadème en or, les extrémités fendues et roulées en spirale.* Sc. $\frac{2}{3}$.

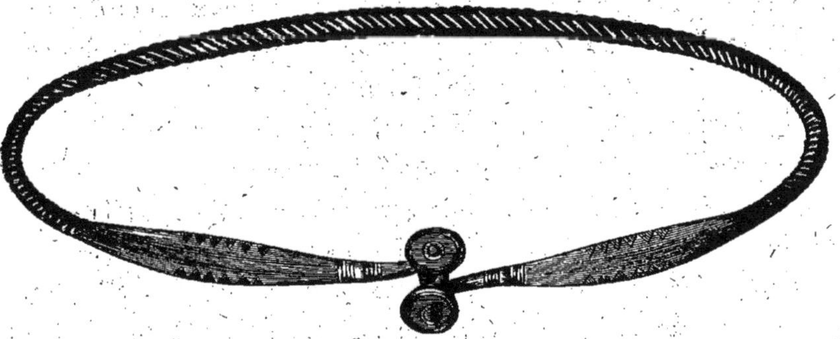

49. *Collier en bronze, cannelé en spirale.* Hall. $\frac{1}{2}$.

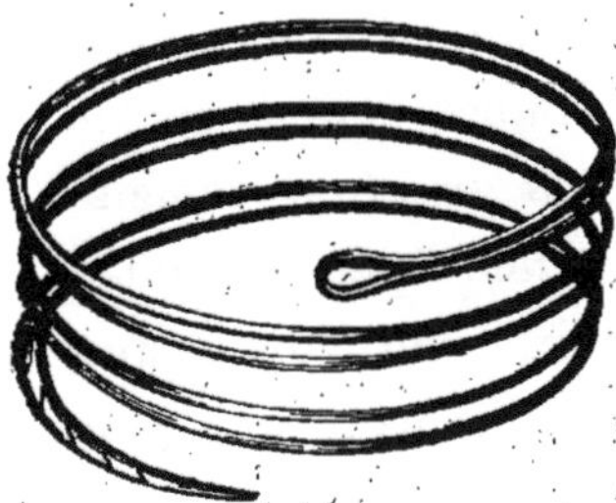

50. *Bracelet en spirale, de double fil de bronze.* Suderm. $\frac{1}{2}$.

51. *Bracelet en bronze.* Sc. $\frac{2}{3}$.

Kolding en Jutland, un cercueil formé d'un tronc de chêne fendu en deux et évidé; dans ce cercueil qui, heureusement, fut exploré par des personnes compétentes, avait été déposé un guerrier, habillé et armé au complet. Les vêtements, d'étoffe de laine, encore parfaitement conservés, sont un *bonnet* élevé, un large *manteau* à coupe ronde, une espèce de *jupon* et deux étroits morceaux d'étoffe de laine, qui avaient sans doute couvert les jambes; aux pieds paraissaient encore quelques restes de cuir, qui peut-être avaient été jadis des souliers. Le bonnet est d'une épaisse étoffe de laine, couverte à l'extérieur de fils de laine saillants, tous terminés par un noeud. Le jupon était retenu par une longue ceinture en laine, faisant deux tours autour de la taille, nouée par devant et se terminant en longs bouts pendants, ornés de franges. On trouva dans ce cercueil primitif un autre bonnet en laine et un *châle* de la même étoffe, également orné de franges, dont l'une des moitiés était enroulée pour servir de coussin sous la tête du mort. Une peau, probablement de boeuf, avait constitué l'enveloppe extérieure de tous les objets renfermés dans le cercueil. Si les vêtements de laine se distinguaient, comme on l'a vu, par leur excellent état de conservation, le corps était, par contre, presque entièrement détruit; même la charpente osseuse était dissoute. La chevelure noire et la cervelle protégée par le bonnet étaient seules conservées; la forme de la cervelle était encore reconnaissable. A gauche du corps se trouvait une épée en bronze dans sa gaîne de bois revêtue de cuir. On voyait aux pieds une boîte de bois ronde, en renfermant une plus petite dans laquelle se trouvaient, outre le bonnet de laine mentionné en dernier lieu, un peigne en corne et un couteau de bronze. Le couteau, d'une forme semblable à celle de nos rasoirs, avait peut-être servi au même usage que ceux-ci.

La valeur de cette trouvaille remarquable est singulièrement augmentée par la découverte d'un costume complet de femme de la même époque, retiré dix ans plus tard, en 1871, d'un autre tumulus danois, celui de Borum-Eshöi, près d'Århus en Jutland. Ici, de même, le corps était enfermé dans un cercueil formé d'un tronc de chêne fendu en deux et évidé. Le fond du cercueil était recouvert d'une peau brute, probablement de vache ou de boeuf. Sur celle-ci se trouvait un grand *manteau* très-ordinaire, tissé d'une laine grossière mêlée de poil de bêtes à cornes, et dans laquelle le corps avait été enseveli. Le squelette, bien conservé, montrait que le tombeau était celui d'une femme. La chevelure, très-longue, avait sans doute été retenu au moyen d'un peigne en corne, que l'on trouva à côté du corps. La tête était couverte de la *résille* de laine d'un beau travail, que l'on voit au haut de la fig. 52. On découvrit en outre des restes d'une autre résille pareille. La morte était vêtue d'un costume entier en étoffe de laine, se composant d'une *tunique* à manches et d'une longue *jupe* (fig. 52). Le tissu était identique à celui de l'étoffe déjà décrite des tombeaux de Dömmestorp et de Treenhöi. La tunique, cousue sous les manches et au dos, est ouverte sur le devant, où elle avait été fixée au moyen d'un cordon ou d'une petite agrafe en bronze trouvée dans la bière, à moins que cette agrafe n'ait servi à retenir le manteau. La couture grossière du dos de la tunique semble indiquer que celle-ci était à l'ordinaire recouverte par le manteau. La jupe était retenue autour de la taille par deux cordons de laine, l'un grossier, l'autre fin. Ce dernier est tissé de laine avec mélange de poil de bêtes à cornes, formant trois stries ou bandes dont celle du milieu paraît avoir eu une autre couleur que celles des bords. Il se termine en deux houppes épaisses et élégantes.

Outre l'agrafe déjà mentionnée, le cercueil contenait, en fait de parures en bronze, un anneau ou bague en spirale, deux bracelets et un grand anneau tordu (pour la tête ou le cou). On peut signaler, comme une circonstance remarquable, la trouvaille, à côté de ce corps de femme, d'un *poignard en bronze*, à manche de corne, de même que celle d'une grande et de deux petites plaques rondes en bronze élégamment ouvrées, avec une pointe saillante au milieu. Il est probable que la première au moins de ces plaques a jadis appartenu à un bouclier.

Comme il est difficile de décider positive-

52. *Habillement de femme, en laine, trouvé à Borum-Eshöi, Jutland.*

ment, dans la plupart des cas, si un cercueil de l'âge du
bronze a contenu le corps d'un homme ou celui d'une femme,
je ne suis pas à même de citer pour le moment d'autre trouvaille parfaitement authentique d'arme dans un tombeau de
femme, datant de cette période. Je dois cependant mentionner la découverte d'un poignard en bronze dans un
cercueil en chêne du tumulus de Dragshöi près de Ribe
(Danemark), et la circonstance que la longue chevelure
remarquablement bien conservée du corps auprès duquel
était placé ce poignard, semblait plutôt indiquer un squelette de femme qu'un squelette d'homme. En général, on
a été disposé jusqu'ici à considérer comme tombeaux
d'hommes, tous ceux qui contenaient des armes; l'expérience de Borum-Eshöi nous montre toutefois que cette
opinion n'est pas *toujours* correcte, du moins si l'arme est
un poignard. Il est par contre impossible, pour le moment, de faire une objection quelconque à l'opinion que les
tombeaux dans lesquels on a trouvé des *épées* en bronze
ont contenu des corps d'hommes.

L'intéressant indice que nous fournit la trouvaille de
Borum-Eshöi sur l'existence d'amazones pendant l'âge du
bronze scandinave, reçoit une certaine probabilité de la
circonstance qu'il est fait mention d'amazones chez plusieurs
peuples de la Méditerranée, à une époque où ces peuples
avaient à peu près la même civilisation que les Scandinaves
de l'âge du bronze. Cela nous rappelle en outre les récits
que nos sagas nous font de ces femmes guerrières (»sköld-
mör», vierges au bouclier) accompagnant les armées dans
la dernière partie de notre époque payenne.

Le costume des femmes de l'âge du bronze se composait donc des deux mêmes parties principales, la jupe et
la tunique ou le mantelet, que de nos jours, du moins

dans les campagnes. Mais, s'il faut considérer les vêtements retirés du tumulus de Treenhöi comme des spécimens du costume ordinaire des hommes, ils diffèrent beaucoup, non-seulement du costume actuel, mais aussi de celui de la dernière partie des temps payens.

L'absence de culottes ou de braies est principalement remarquable, ce vêtement paraissant avoir été commun à presque tous les peuples germaniques, tandis qu'il était inconnu de ceux de l'Europe méridionale. Il est impossible, toutefois, de tirer de ce fait isolé une preuve quelconque de la nationalité des populations scandinaves de l'âge du bronze.

Par les objets en bronze qu'ils contenaient, les tumulus de Treenhöi et de Borum-Eshöi paraissent appartenir à une date très-reculée de l'âge du bronze, sinon même au commencement de la période. Ces tombeaux remontent donc à plus de 2,000, peut-être même à plus de 2,500 ans. La circonstance remarquable que des vêtements de laine ont pu se conserver si longtemps dans un tombeau, dépend naturellement de conditions singulièrement favorables, et peut-être, surtout, de ce que les vêtements susdits se trouvaient dans des cercueils de *chêne*, le tannin de cet arbre se distinguant par ses éminentes propriétés conservatoires. L'étoffe la plus commune pendant l'âge du bronze était sans nul doute la laine, produit indigène de l'élevage de la race ovine, introduite chez nous pendant la dernière partie de l'âge de la pierre. Cependant, on a trouvé, dans un tombeau danois de la fin de l'âge du bronze, des fragments de *toile de lin* d'une finesse remarquable.

Si les parures qui se trouvaient à la disposition des Scandinaves de l'âge de la pierre, ne se distinguaient pas par leur éclat, celles de l'âge du bronze sont d'autant plus précieuses et d'autant plus variées. La matière en est principalement le bronze et l'or. Les perles et les autres ornements en ambre ne paraissent pas avoir été aussi communs que dans la période de la pierre. Les parures en argent, les perles de verre, etc., étaient encore inconnues.

On a trouvé, dans les tombeaux du premier âge du bronze, de magnifiques diadèmes (Ant. suèd., ff. 122 et 123) et des broches en bronze (f. 33), des bracelets et des anneaux en bronze et en or, souvent tordus en spirales (ff. 47, 51), des boutons en bronze, des perles en ambre, etc.

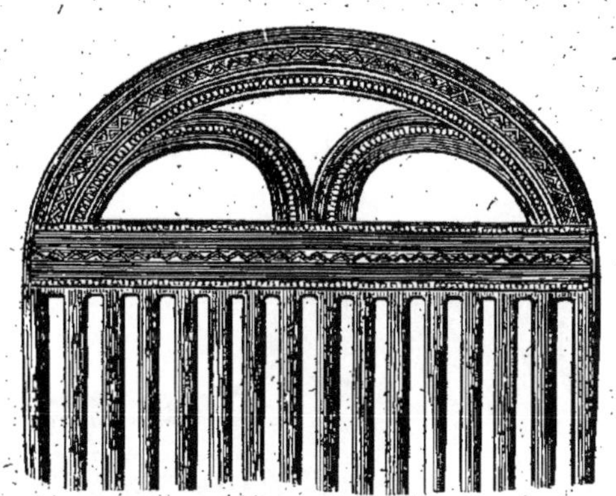

53. *Peigne en bronze. Toutes les dents sont cassées; elles paraissent avoir eu une longueur de 30 centimètres. Sc. ⅓.*

Les peignes, qui paraissent avoir été inconnus pendant l'âge de la pierre, ne sont pas rares dans les sépultures du premier âge du bronze. La fig. 53 reproduit un peigne en bronze, trouvé à Bosgården, près de Lund, en compagnie d'un diadème, de quelques anneaux, d'une pointe de lance et d'une foule d'autres antiquités du même âge.

Le second âge du bronze connaissait, outre les espèces d'ornements mentionnées ci-dessus (ff. 46, 48, 50, 54), diverses parures pendantes et des aiguilles (Ant. suéd., ff. 213—220), et surtout une foule de grands anneaux en bronze dont la plupart, du moins, se portaient sans doute au cou (fig. 49; cf. fig. 35 et Ant. suéd., ff. 227—233). Quoiqu'ils soient restés enfouis environ deux milles ans dans la terre, la plupart de ces anneaux de bronze ont conservé un degré encore assez considérable d'élasticité.

La plupart des armes de l'âge du bronze étaient de la même espèce que celles de l'âge de la pierre, savoir le poignard, la hache, la lance, la flèche et l'arc, et probablement la massue et la fronde. La principale arme défensive était le bouclier, peut-être, comme nous l'avons vu, déjà en usage chez les hommes de l'âge de la pierre. Mais ces armes s'étaient maintenant accrues de *l'épée*, et, quoique rarement, du *casque*.

54. *Fibule (broche) en bronze. Bohusl.* $\frac{2}{3}$.

Confectionnés à l'ordinaire de bois ou de peau, les boucliers portaient souvent au centre une plaque de bronze ronde à pointe saillante. Dans le premier âge du bronze, ces plaques étaient parfois très-grandes et richement décorées d'ornements en zig-zag et en spirale (Ant. suéd., fig. 111). Aucun bouclier de cette espèce n'a, il est vrai, été conservé jusqu'à nous; mais on a rencontré fort souvent les plaques de bronze, et parfois on a trouvé des restes évidents, quoique pourris, du bouclier même. Ces trou-

vailles indiquent que les boucliers étaient ronds; les nombreux boucliers que l'on voit sur les sculptures de nos
rochers sont ou ronds ou carrés (ff. 59 et 65). Les dimensions n'en paraissent pas en général avoir été considérables.

On a trouvé en outre en Suède et en Danemark quelques boucliers entièrement en bronze appartenant à la seconde période de l'âge. Un magnifique bouclier de ce
genre, très-grand et presque rond, fait d'une mince plaque
de bronze avec ornements au repoussé, fut découvert, en
1865, dans une tourbière à Nackhälle près de Varberg
en Halland, et se trouve actuellement au Musée National.
Au milieu de la face postérieure est une poignée, si petite, toutefois, que l'on n'y peut introduire que deux doigts
(Ant. suéd., fig. 179).

On n'a rencontré jusqu'ici qu'une seule fois des traces
de casques de l'âge du bronze, savoir une magnifique men-
tonnière incrustée d'or, du premier âge du bronze, découverte en Danemark.

Les épées et les poignards sont nombreux; on en
connaît plus de 400 (ff. 30, 55 et 57). Les épées étaient en
général des armes d'estoc et non de taille, ce qui explique
peut-être en partie la circonstance souvent remarquée, que
leurs poignées, surtout celles des plus anciennes, sont trop
courtes pour nos mains. Les poignées sont à l'ordinaire
suffisamment longues, si l'on tient l'épée comme un poignard,
la pointe en bas. Les lames sont à deux tranchants, et
souvent très-pointues. Les poignées qui toujours, à l'exception des plus récentes, manquaient de toute trace de
garde, étaient soit de bronze, soit de bois, d'os ou de
corne; dans ces derniers cas, elles sont en général actuellement perdues. Les poignées en bronze portaient souvent des incrustations en or, ornées de morceaux d'ambre

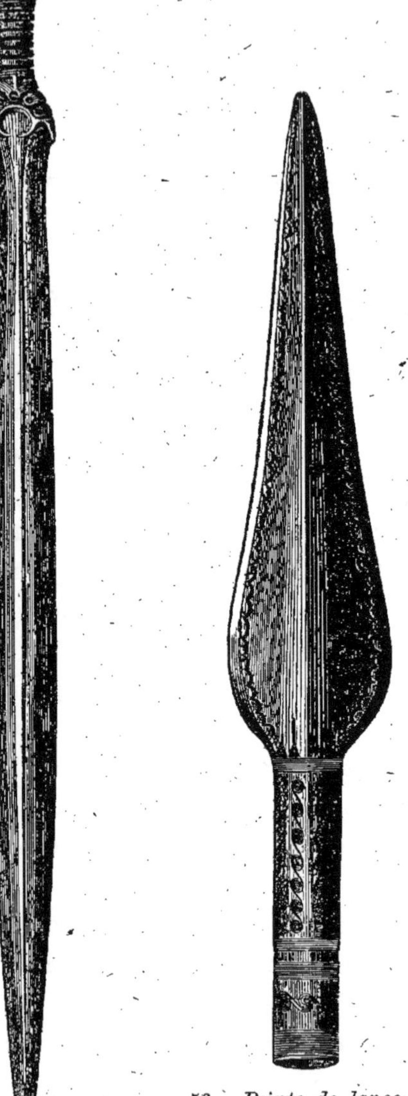

56. *Pointe de lance en
bronze. Vestrog.* $\frac{1}{3}$.

55. *Epée en bronze.
Ostrog.* $\frac{1}{5}$.

57. *Epée en bronze.
Verml.* $\frac{1}{5}$.

enchâssés ou de ces incrustations de résine semblables à de l'émail mentionnées plus haut (p. 48).

On a découvert assez souvent des restes plus ou moins bien conservés des gaînes appartenant aux épées et aux poignards. Le Musée National possède une gaîne de poignard d'une exquise conservation, trouvée en 1869 à Dömmestorp en Halland, dans le même tombeau que les d'étoffe de laine mentionnés p. 51. Comme plusieurs autres gaînes, elle est en bois, recouvert d'un cuir bien préparé, et revêtu à l'intérieur d'une peau fine; l'extrémité inférieure porte un dard en bronze (Ant. suéd., f. 166). Les tombeaux danois ont fourni quelques gaînes d'épée en bois, sans peau; elles sont parfois décorées d'ornements ciselés.

Plusieurs belles haches de guerre ont été découvertes en Suède. La fig. 29 en reproduit une, décorée des ornements particuliers au premier âge du bronze. Comme nous l'avons vu, plusieurs des celts (fig. 43) ont été sans nul doute des haches de guerre. Les haches, mentionnées précédemment, en bronze mince coulé sur un noyau d'argile, ne peuvent avoir été des armes, vu qu'elles se seraient naturellement brisées au premier choc; elles n'ont pas davantage pu être portées comme signes de dignité devant un chef, car elles sont si pesantes et si faibles, qu'elles ne supportent pas même un mouvement pareil. Peut-être ont-elles servi de décoration dans un temple.

Afin d'épargner le précieux métal, on employait en outre, comme le trahissent plusieurs découvertes, des haches en pierre, de même que des pointes de lances et de flèches en silex. On voit souvent des archers sur les sculptures de rocher, mais les têtes de flèche en bronze sont très-rares en Suède. Il était aussi naturel que l'on employât de préférence le silex pour ces armes si facilement perdues. Les pointes de lance en bronze (f. 56 et Ant. suéd., ff. 101, 173—177) sont par contre assez communes; on en connaît près de 200 provenant de la Suède. Les sculptures de rocher montrent que la lance s'employait souvent, peut-être ordinairement, comme arme de jet.

En combinaison avec les armes, nous ne devons pas oublier de mentionner les grandes et magnifiques trompes de guerre en bronze découvertes tant en Suède qu'en Danemark (Ant. suéd., fig. 178).

58. *Charrue, de la grande sculpture de rocher de Tegneby, Bohusl., reproduite fig. 65.* $\frac{1}{10}$.

Quelques-unes des armes qui viennent d'être signalées, étaient évidemment affectées exclusivement à la guerre; d'autres pouvaient également servir à la chasse. La chasse et la pêche étaient sans doute encore les principales occupations des hommes pendant la paix. — Des engins de pêche, on ne possède que quelques hameçons en bronze (Ant. suéd., f. 202), remarquables par la circonstance qu'ils ressemblent parfaitement à ceux d'aujourd'hui.

Des preuves que l'élevage du bétail n'était pas inconnu nous sont fournies non-seulement par la présence, dans les trouvailles de cette période, d'une foule d'os d'animaux domestiques, mais encore par celle assez fréquente de peaux préparées ou brutes de boeufs et de vaches, et de la laine si souvent employée à la confection des vêtements.

Des animaux de la race bovine sont parfois représentés sur les sculptures des rochers, comme, p. ex., à Tegneby, près de l'église de Tanum dans le Bohuslän. Deux des animaux reproduits sur ces sculptures, sont attelés à une charrue que dirige un homme (f. 58). Cette figure est d'un grand intérêt, comme l'une des plus anciennes preuves positives de l'agriculture en Suède. On serait peut-être autorisé à voir aussi une preuve de ce genre dans les outils de bronze en forme de faucilles que l'on rencontre parfois, principalement en Scanie (Ant. suéd., fig. 183).

La circonstance que l'on possédait déjà des demeures fixes, cette première condition de l'agriculture, est rendue probable par le fait que les tumulus de cette époque se

59. *Hommes à cheval, représentés sur l'un des rochers de Tegneby, Bohuslän.* $\frac{1}{21}$.

trouvent si souvent réunis en grand nombre sur le même point. Les sculptures des rochers, qui nous fournissent tant de données importantes sur la vie des Suédois de l'âge du bronze, montret que le cheval était déjà connu et employé tant pour la course (fig. 59) que pour le trait. On voit même, sur l'une des remarquables dalles du tombeau de Kivik [1], une voiture à deux roues traînée par

---

[1] Près du village de pêcheurs de Kivik, sur la côte orientale de la Scanie, à 16 kilomètres au nord de Cimbrishamn, se trouve un *cairn*

deux chevaux, sur laquelle se trouve un cocher debout (fig. 60).

Cependant, l'on n'a pas encore trouvé jusqu'ici de traces parfaitement sûres de bride, de harnais, d'éperons, etc., appartenant à cette époque.

On ne connaît pas non plus, en Suède, d'embarcations dont on puisse faire remonter sûrement l'origine à l'âge du bronze. Mais nos sculptures sur des rochers peuvent nous donner une idée tant de l'aspect que de la grandeur des navires, laquelle paraît avoir été souvent très-considérable (fig. 61—64). A l'ordinaire, les navires n'avaient pas une proue et une poupe égales, quoique cela paraisse aussi avoir été parfois le cas. Souvent on voit la proue mince

60.   *Dalle du tombeau de Kivik (Scanie), décorée de dessins en creux.*

et élevée se terminer en tête d'animal; parfois la poupe présente aussi le même ornement. Comme l'on n'a jamais

de grandes dimensions, au centre duquel on découvrit, en 1750, une ciste de 4 mètres de longueur, sur une largeur de 0 m. 89 à 1 m. 19, formée de dalles plates posées de champ. Sur la face intérieure des dalles sont faiblement gravées en creux une foule de figures représentant des hommes, des chevaux, une voiture, des armes, etc.

trouvé dans ces sculptures de traces non équivoques de mâts et de voiles, les navires de l'âge du bronze étaient sans doute exclusivement adaptés à l'usage de la rame. Il en est de même, comme nous le verrons plus loin, des navires remarquables du commencement de l'âge du fer, trouvés dans la tourbière de Nydam en Danemark.

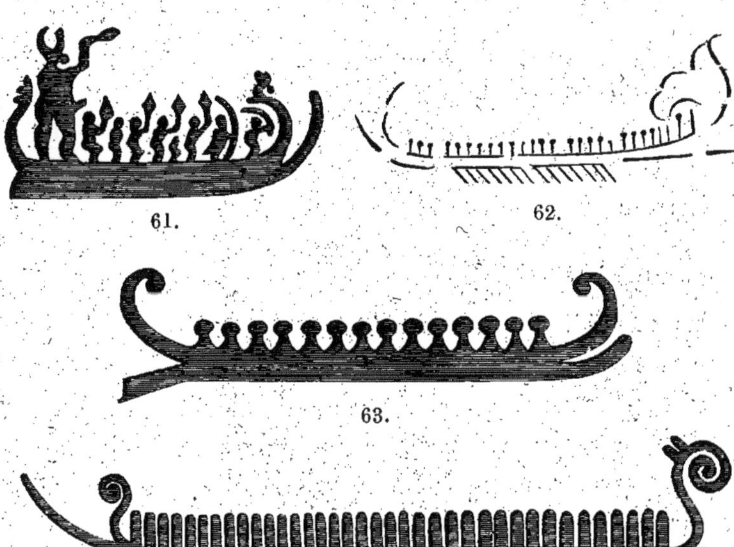

61—64. *Navires, dont l'un (fig. 62) avec rames, figurés sur des rochers en Bohuslän.*

Les sculptures des rochers fournissent souvent des représentations de luttes navales. Nous avons la preuve d'excursions maritimes pacifiques, et de relations tout aussi pacifiques avec d'autres peuples, dans les nombreux objets importés des pays étrangers que l'on rencontre parmi les trouvailles de notre âge du bronze. Comme nous l'avons vu, la première place, parmi les marchandises importées, appartient à la totalité du *bronze* employé pendant cette période en Suède, considéré ici comme matière première.

Il est aussi fort probable que la plus grande partie de l'or appartenant aux trouvailles de l'âge du bronze est arrivée d'autres pays.

Outre ces métaux, il faut considérer aussi comme importés dans le Nord divers ouvrages en bronze, sans nul doute d'origine étrangère, vu qu'ils sont très-rares en Scandinavie, mais plus communs ailleurs. A ces objets se rapportent fort probablement le bouclier mentionné plus haut, trouvé dans le Halland, un chariot découvert près d'Ystad, auquel nous reviendrons bientôt, quelques grands vases à figures au repoussé trouvés en Danemark, certaines épées, etc.

Plusieurs de ces bronzes étrangers viennent, selon toute probabilité, de l'Italie. Mais, malgré les relations plus ou moins immédiates que possédaient les habitants du Nord avec les peuples de l'Europe méridionale, ils étaient privés, pendant la dernière période de l'âge du bronze, de plusieurs des moyens les plus importants pour acquérir un développement supérieur, moyens qui se trouvaient déjà depuis longtemps à la disposition des peuples habitant les rives de la Méditerranée. Durant tout l'âge du bronze, les habitants du Nord restèrent dans une ignorance totale du fer et de l'écriture, ces conditions suprêmes de notre civilisation actuelle.

L'écriture littérale était inconnue, mais il exista en Suède, pendant l'âge du bronze, une espèce *d'écriture figurée* ou symbolique conservée dans les nombreuses »sculptures des rochers» *(hällristningar)* que l'on trouve principalement dans la partie septentrionale du Bohuslän[1] et dans l'Ostro-

---

[1] On a découvert de même, ces dernières années, une foule de sculptures sur des rochers dans le gouvernement *(amt)* de Smålenene, partie de la Norvége située sur la frontière du Bohuslän.

65.   *Sculptures sur un rocher, à Tegneby, Bohuslän.*

gothie. Les recherches les plus récentes ont montré que ces antiquités remarquables appartiennent à l'âge dont nous nous occupons [1]. Une des principales preuves à l'appui se trouve dans la ressemblance palpable, et qui n'est évidemment pas accidentelle, qui existe entre les épées en bronze et les épées reproduites sur les rochers sculptés. Même si l'on ne s'arrête pas à la forme, ces dernières armes sont une preuve que les sculptures n'appartiennent pas à l'âge de la pierre, auquel les épées étaient totalement inconnues. Enfin, nous pouvons encore tirer un indice, sinon une preuve, que ces images datent de l'âge du bronze, du fait qu'on les rencontre dans une localité très-riche en sépultures et en autres souvenirs de cet âge.

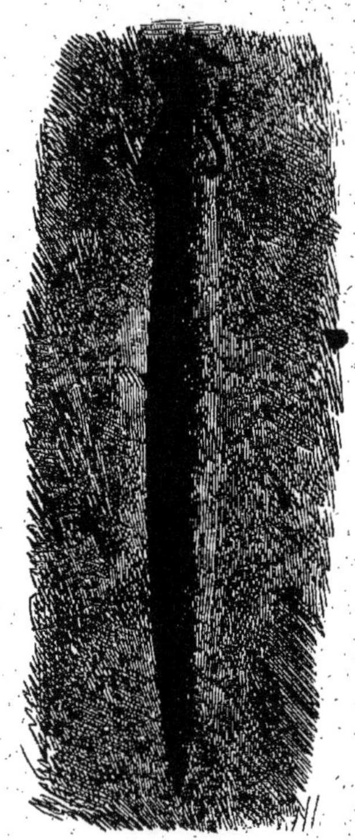

66. *Epée représentée sur un rocher, à Ekensberg, Ostrogothie.* ⅕.

D'autre part, l'absence totale, sur les sculptures, de runes ou d'autres signes graphiques montre qu'elles ne peuvent appartenir ni à l'âge du fer ni à une époque encore plus récente. Avec une absence ci complète de tout texte explicatif, il n'est guère admissible que les sculptures des rochers soient l'ouvrage d'un peuple ayant eu la connaissance de l'écriture littérale. Or, comme

---

[1] Voir l'article de B.-E. Hildebrand : »A quel âge appartiennent les sculptures des rochers en Suède?» dans le Journal d'archéologie suédoise (»Antiqvarisk tidskrift för Sverige»), vol. 2, p. 417 et suiv.

nous le verrons plus loin, les runes étaient connues déjà au commencement de l'âge du fer. Au reste, un fait qui n'est pas sans intérêt, c'est que l'une des anciennes pierres runiques du Nord se trouve précisément dans la paroisse de Tanum (Bohuslän septentrional), la localité de la Suède la plus riche, peut-être, en sculptures des rochers.

Ainsi, les Scandinaves de l'âge du bronze connaissaient l'art de conserver la mémoire d'événements importants par l'écriture symbolique, ou par une espèce de tableaux historiques. Cette circonstance reçoit une importance plus grande du fait que les Aztèques du Mexique, qui, à l'arrivée de Cortès, se trouvaient encore en plein âge du bronze malgré leur haut degré de civilisation, possédaient une écriture figurée, mais ne connaissaient pas l'écriture littérale. Dans le Nord, comme au Mexique, vivait, sans nul doute, à côté de l'écriture figurée, une tradition orale nécessaire à son interprétation. Malheureusement, comme cette tradition est depuis longtemps éteinte, il n'y a guère d'espérance de pouvoir jamais déchiffrer la langue obscure des tableaux historiques gravés sur nos rochers.

Aucun document écrit, national ou étranger, ne nous fournissant des données sur notre âge du bronze, et la tradition ayant même oublié l'existence d'un âge semblable, nous ne pouvons nous attendre à trouver un nombre bien considérable de renseignements sur la religion, l'état social, les moeurs et les coutumes des Suédois de cette époque. On a trouvé, cependant, quelques objets qui ont été sans doute destinés au culte religieux de l'âge en question. L'une des plus remarquables de ces trouvailles, est le petit chariot en bronze reposant sur quatre roues, qui fut découvert en 1855 dans une tourbière près d'Ystad et qui est actuellement conservé au Musée National (Ant.

suéd., f. 255). Ce chariot a porté jadis un grand vase en bronze, comme l'indiquent les trous de rivets que l'on y voit encore, et la comparaison avec un chariot parfaitement semblable, découvert à Peccatel dans le Mecklembourg. L'affectation de ces vases à un usage religieux paraît probable déjà du fait de la ressemblance qui paraît avoir existé entre eux et les grands chariots en bronze supportant des chaudrons, que Salomon fit placer dans l'avant-cour du temple de Jérusalem. C'est au reste constaté par les circonstances toutes particulières dans lesquelles le chariot mecklembourgeois fut découvert. A Peccatel, près de Schwerin, existent ou existaient jadis trois grands tumulus placés à côté l'un de l'autre. On trouva dans l'un de ces tumulus le chariot et diverses autres antiquités de l'âge du bronze. L'un des deux restants contenait une sépulture avec des ossements brûlés, et un *autel* carré en terre et en pierre, haut d'environ 1 m. 50 cm., dans lequel était muré un chaudron rond en argile cuite. A côté de l'autel, un squelette humain reposait dans une espèce de cercueil en terre cuite.

Outre le chariot de bronze d'Ystad, le Musée National possède une autre antiquité remarquable du même métal, laquelle a probablement été affectée aussi au service religieux. C'est un grand ornement en formé de couronne, trouvé en 1847 dans une tourbière des environs de Balkâkra près de Lund. Il a évidemment servi de garniture à un grand vase en bois, suivant toute apparence un vase de sacrifice (Ant. suéd., f. 254).

Plusieurs autres trouvailles de vases employés au culte ont été faites dans différentes localités du Nord scandinave. Ainsi, l'on découvrit en 1862 dans une tourbière près de Rönninge, île de Fionie (Fyen), un grand et magnifique vase en bronze dans lequel étaient déposés 11 vases en or à longues anses. Ces vases, qui datent de la dernière période de l'âge du bronze, ont sans doute servi dans un temple, vu qu'ils étaient trop précieux pour être affectés à des usages domestiques et profanes. On connaît aussi de la Suède deux vases en or pareils de l'âge du bronze, mais sans anses (Ant. suéd., f. 249). Il est possible que quelques-uns des vases à suspension en bronze (== fig. 67), assez fréquents en Suède, ont servi de lampes dans les temples ou ont été employés à d'autres usages religieux.

67. *Vase à suspension, en bronze. Vestrog.* ½.

M. le professeur Nilsson considère que l'on peut voir encore des restes ou des réminiscences de la religion de l'âge du bronze dans le culte superstitieux voué de nos jours au gui (*Viscum album* L., suéd. *misteln*), qui donna la mort à Balder [1], et dans les »bûchers» dits »de Balder» *(Balders-*

---

[1] La saga raconte que Loke, étant devenu jaloux de Balder, le fit tuer par le dieu aveugle Höder, au moyen d'une flèche de gui, les animaux et les plantes ayant, sauf le gui, prêté serment qu'ils ne feraient jamais de mal à Balder.

bålen), feux que l'on allume encore dans bien des endroits la veille de la Sainte-Valbourg (*Valborgsmässoafton*, nuit du 30 avril au 1 mai), et la veille de la Saint-Jean d'été (23 au 24 juin). Autour de ces feux, la jeunesse se livre encore de nos jours à des danses, auxquelles les personnes plus âgées prenaient aussi part jadis. Il est sans nul doute plus que probable que ces coutumes, et une foule d'autres encore, pénètrent fort avant dans le paganisme, mais il serait difficile de décider si elles sont aussi vieilles que l'âge du bronze.

L'archéologue danois Worsaae a récemment appelé l'attention sur différentes trouvailles intéressantes de l'âge du bronze dans des marais tourbeux, trouvailles dont l'explication doit être cherchée, selon lui, dans une pratique religieuse. Il croit qu'elles proviennent d'offrandes aux dieux, à l'instar des grandes trouvailles des tourbières danoises des premiers siècles de l'âge du fer.

Nous avons déjà vu (p. 41) que la crémation des morts était inconnue dans la première partie de l'âge du bronze, mais qu'elle constituait la règle dans la seconde partie de cette période.

Les corps non brûlés étaient à l'ordinaire déposés dans des cistes formées de dalles plates posécs de champ, et recouvertes de dalles semblables; dans quelqués localités de la Scandinavie, principalement dans le Jutland, on a trouvé aussi des cercueils formés de troncs d'arbres fendus en deux et creusés (p. 54). Les sépultures les plus anciennes paraissent être les cistes en pierre, souvent très-grandes, qui contiennent plusieurs squelettes; d'autres cistes sont plus petites, plusieurs n'ont que 1 m. 80 cm. de longueur, et ne contiennent qu'un seul squelette, étendu dans la ciste. Un fait remarquable, c'est que quelques-unes de ces cistes (p. ex. celle de Hvidegaard; voir plus bas) ne contiennent pas de restes de corps non incinérés, mais seulement des ossements brûlés. Il est probable qu'ils appartiennent au commencement de la période de la crémation. Même plus tard, les restes du corps recueillis après l'incinération étaient souvent déposés dans des cistes en pierre; mais les dimensions de celles-ci diminuent successivement, jusqu'à la longueur d'environ 30 cm. Il était inutile qu'elles fussent plus grandes. Assez fréquemment, les os calcinés ne sont pas déposés immédiatement dans ces petites cistes, mais dans des vases d'argile que protégent les dalles de la ciste. Souvent aussi, ces os ont été recueillis dans des vases en argile

68. *Coupe d'un tumulus à Dömmestorp, Halland* [1].

sans ciste protectrice. Enfin, l'on trouve parfois des sépultures de l'âge du bronze qui ne se composent que d'amas d'ossements calcinés enfouis dans un trou creusé dans la terre, et recouverts seulement d'une dalle plate (fig. 68). Il

---

[1] Dans la partie centrale du fond du tumulus se trouvait une ciste (*a*), longue de 2 m. 12, contenant un corps *non brûlé* et une épingle en bronze; plus haut, on découvrit 3 petites cistes en pierre, renfermant des ossements brûlés et des objets en bronze. A côté de la petite ciste placée au sommet du tumulus, était un vase en argile rempli d'ossements calcinés, et près de la ciste *b*, on rencontra des ossements brûlés dans une fosse circulaire, simplement recouverte d'une pierre.

est probable que ces diverses espèces de sépultures se sont
en général suivies dans l'ordre que nous les avons décrites.
Elles constituent de la sorte une transition insensible entre
les grandes chambres sépulcrales de l'âge de la pierre et les
cistes avec leurs nombreux squelettes, d'un côté, et les sépultures à dimensions insignifiantes avec ossements calcinés
de la fin de la période du bronze, de l'autre.

69. *Cairn suédois de l'âge du bronze. Bohuslän.*

Les sépultures de l'âge du bronze sont ordinairement
recouvertes d'une colline artificielle, formée soit principalement de sable et de terre, le *tumulus*, soit exclusivement de
pierres et de cailloux, le *cairn* [1]. Souvent on trouve plu-

---

[1] En suédois: *stenröse* ou *stenkummel* (amas, monceau de pierres).
Une partie de ces *cairns* n'appartiennent toutefois pas à l'âge du bronze,

sieurs sépultures dans le même tumulus. Les tombeaux de l'âge du bronze sont ordinairement placés sur une hauteur avec vue libre sur la mer ou sur une autre grande nappe d'eau; les *cairns* de cette période sont souvent situés sur de hautes montagnes, parfois à une grande distance des habitations actuelles.

Souvent aussi, on trouve dans les sépultures de cette période, à côté des restes des morts, des armes, des ornements, etc.; les sépultures qui ont contenu des corps non brûlés, fournissent de même assez souvent, comme les tombeaux de l'âge de la pierre ou de celui du fer, des vases en terre cuite et parfois en bois [2], qui jadis peut-être étaient remplis de vivres. Les sépultures de la dernière partie de l'âge du bronze ne paraissent pas contenir en général un aussi grand nombre d'objets précieux que celles de la première; on a remarqué, surtout, que les armes y sont relativement rares.

Pour la conservation des ossements calcinés, on employait probablement à l'ordinaire des vases qui avaient servi soit à cuire les aliments, soit à d'autres usages domestiques. Ces vases présentent les formes les plus variées: quelques-uns ressemblent à des cruches, d'autres à des coupes évasées; un grand nombre ont une ou plusieurs anses (Ant. Suéd., ff. 256, 257 et 259), ce qui, naturellement, n'aurait pas été nécessaire, s'ils avaient été destinés dès l'abord

---

mais à d'autres époques de la période payenne. Il est souvent impossible de déterminer, sans la connaissance du contenu de la sépulture, l'âge auquel le cairn appartient.

[2] On a trouvé, dans des sépultures danoises, quelques bols en bois, tournés, décorés de petits clous d'étain d'une finesse remarquable. Deux boites en bois étaient déposées dans le cercueil en chêne de Treenhöi, décrit p. 54.

à servir de vases funéraires. Les vases en argile de l'âge du bronze sont en général d'une masse très-grossière, mal cuits et sans ornements.

L'une des trouvailles funéraires de l'âge du bronze les plus remarquables que l'on connaisse dans le Nord, fut faite en 1845 dans un tumulus situé près de Hvidegaard, non loin de Copenhague. On y découvrit, dans une ciste de la longueur d'un homme, un petit amas d'ossements humains calcinés, enveloppés dans un manteau d'étoffe de laine; tout auprès était une épée en bronze dans son fourreau avec une petite boucle du même métal, et un étui en cuir, contenant les objets suivants d'une nature assez hétérogène: un fragment de perle d'ambre, un petit *coquillage de la Méditerranée*, un petit cube en sapin, la partie postérieure d'un serpent, une griffe de faucon, la mâchoire inférieure d'un jeune écureuil, quelques petites pierres, une pincette et deux couteaux en bronze, et, enfin, une pointe de lance en silex, cousue dans un bout de boyau; les couteaux en bronze étaient aussi enveloppés dans de la peau. Nous ne croyons pas nous tromper en voyant dans le défunt un médecin ou un sorcier, ou peut-être tous les deux à la fois.

––––––

Nous avons vu que, pendant l'âge de la pierre, de notre pays il n'y avait guère d'habité que le Götaland et la partie la plus méridionale du Svealand (c.-à-d. la région qui s'étend du 55° 30′ au 59° de lat. Nord). Les trouvailles du premier âge du bronze sont circonscrites à peu près dans les mêmes limites. Par contre, avant la fin du second âge du bronze, tout le pays était déjà occupé jusqu'au Dalelf (60° 30′ de lat. Nord), quoique la population fut fort clair-semée vers ces limites. Les provinces méridionales, et principalement la Scanie, continuaient à présenter une population beaucoup plus dense que la Suède centrale. Ce fait est prouvé déjà par la circonstance que les trouvailles de l'âge du bronze sont, en moyenne et par mille carré, 20 fois plus nombreuses en Scanie que dans tout le reste de la Suède au sud du Dalelf.

Le nombre total des bronzes de cette période que l'on connaît actuellement en Suède, est d'environ 2,500, dont 150 seulement ont été trouvés dans le Svealand. De tout le Norrland, qui ne fut, sauf peut-être quelques exceptions, peuplé que pendant l'âge du fer, on ne connaît que deux objets en *bronze* de l'âge du bronze même; mais, chose assez remarquable, ils ont été trouvés sous la latitude élevée du Medelpad (62° 30' de lat. N.). L'un est une épée en bronze d'une conservation remarquable, provenant de la paroisse de Njurunda (Ant. Suéd., fig. 157) et l'autre un celt (fig. 141), venant de celle de Timrå. En Finlande, où les antiquités de l'âge du bronze sont au reste très-rares, on a trouvé une épée en bronze dans la paroisse de Storkyro, non loin de la ville de Wasa (63° lat. N.), c.-à-d. encore un peu plus au nord que le Medelpad. Sur la côte norvégienne, les armes en bronze, quoique peu nombreuses, remontent assez avant vers le nord, jusqu'aux gouvernements de Nordre Trondhjem et de Nordland (65° lat. N.)

La clôture de l'âge du bronze en Suède paraît avoir été, comme nous l'avons vú, à peu près contemporaine de la naissance de Jésus-Christ. Ce n'est que vers cette époque que l'on voit le fer apparaître dans le Nord, quoiqu'il eût déjà été connu pendant dix siècles dans les régions méditerranéennes de l'Europe méridionale. En Egypte, les armes de fer bleues sont représentées sur des monuments antérieurs à l'an 2000 avant notre ère.

La Grèce chantée par Homère se trouvait à la transition de l'âge du bronze à celui du fer. Ce dernier métal était connu, il est vrai, mais le bronze s'employait presque à tout et même à la confection des armes. Il est probable que la description donnée par Homère des temps héroïques de la Grèce pourrait s'appliquer à plus d'un égard à la Scandinavie méridionale, telle qu'elle était il y a environ deux mille ans; cela surtout, si nous ne nous laissons pas éblouir par l'auréole poétique qui entoure les héros de la guerre de Troie.

Il existe, d'un autre côté, des contrées où l'âge du bronze s'est terminé beaucoup plus tard que dans la Scandinavie. Quand, il y a 350 ans, les Européens commencèrent la conquête du Mexique, les Aztèques vivaient encore en plein âge du bronze, sans aucune connaissance du fer. Et cependant, leur civilisation était, à beaucoup d'égards, parfaitement à la hauteur de celle dont l'Europe pouvait se vanter au moyen-âge.

3. L'âge du fer.

(Depuis la naissance de Jésus-Christ, environ, jusqu'à la seconde partie du
11:ème siècle).

Comme nous l'avons vu déjà, on comprend sous ce terme
la partie de *la période payenne* pendant laquelle le fer a
été connu. On pourrait dire, sans doute, en n'ayant égard
qu'à la signification littérale du mot, que nous sommes
encore en plein âge du fer; mais, pour l'archéologue, l'âge
de fer de la Suède se clôt avec la victoire du christianisme
sur la croyance aux dieux Ases.

Pendant l'âge du fer, les populations de la Suède
firent, pour la première fois, la connaissance du fer, de
l'argent, du plomb, du bronze avec alliage de zinc, du
verre, de l'ivoire, des monnaies frappées (étrangères), de
l'art de souder et de dorer les métaux, etc. Et comme
les ouvrages en fer ne pouvaient, à l'instar des bronzes,
se fabriquer seulement par le procédé de la fonte, l'art de
forger reçut une tout autre signification que pendant l'âge
du bronze. L'une des innovations les plus importantes
fut toutefois *l'art de l'écriture*, connu des habitants du
Nord dès le commencement de l'âge du fer. Les plus
anciens caractères graphiques de la Scandinavie, et les
seuls qui y aient été employés pendant toute la période
payenne, sont les *runes*.

6

La foule de monnaies étrangères que l'on rencontre dans les trouvailles de l'âge du fer scandinave, et une comparaison détaillée de ses tombeaux et de ses antiquités, ont rendu possible la distinction de ce qui appartient au commencement, au milieu et à la fin de cette période d'environ dix siècles. Nous considérerons donc spécialement:

A. Le commencement de l'âge du fer, ou le **premier âge du fer,** de la naissance de Jésus-Christ à l'an 450 environ.

B. Le milieu, ou **la période moyenne de l'âge du fer,** de l'an 450 à l'an 700 environ.

C. La fin de l'âge du fer, ou **le dernier âge du fer,** de l'an 700 à la dernière moitié du 11:ème siècle.

A. Le premier âge du fer.

(De la naissance de Jésus-Christ à l'an 150 de notre ère).

La question de savoir à quelle époque et de quelle manière l'âge du fer commença, ne peut recevoir de réponse qu'à l'aide des antiquités qu'il nous a laissées, l'histoire étant à peu près muette sur les »barbares« qui habitaient l'extrême Nord à la naissance de Christ, quoiqu'elle ait conservé la mémoire des événements même les plus minimes relatifs au sort de l'empire romain ou à la vie de ses empereurs.

Tout indique, cependant, que les habitants de la Suède ont dû à une influence étrangère la connaissance du fer comme celle du bronze. Mais, cette influence a-t-elle été seulement le résultat de relations commerciales avec d'autres peuples, ou la doit-on considérer comme synonyme d'une nouvelle invasion? Des raisons ont été données à l'appui de ces deux admissions. Quoique l'on ne puisse considérer encore la question comme décidée, il me paraît toutefois que des preuves très-fortes parlent en faveur de la première de ces opinions, savoir que la première apparition du fer dans le Nord a été la conséquence des relations commerciales. Il existe toutefois des traces d'une nouvelle immigration *pendant* le premier âge du fer, quoique les anciens habitants du pays aient probablement continué à former une partie assez considérable de la population.

La langue des plus anciennes inscriptions runiques montre que le peuple qui habitait la Suède dans la première période de l'âge du fer, était d'origine germanique, c'est-à-dire de la souche à laquelle appartiennent les Suédois, les Norvégiens, les Danois, les Allemands, etc., de nos jours. Mais l'on n'a pu répondre jusqu'ici à la question si les Germains s'établirent à cette époque *pour la première fois* dans nos contrées.

Les antiquités de la première période de l'âge du fer scandinave, même celles que l'on doit regarder comme ayant été fabriquées chez nous, se distinguent en général par l'élégance des formes et la finesse des ornements. Il n'est pas douteux que la raison n'en doive principalement être cherchée dans l'influence considérable que la civilisation romaine exerça à cette époque sur nos ancêtres. Les armées romaines n'ont, il est vrai, jamais pénétré jusqu'en Suède, car la défaite de Varus dans la forêt de Teutobourg l'an 9 après J.-C., anéantit pour toujours les tentatives des empereurs romains de subjuguer les populations vigoureuses de la Germanie (c.-à-d. de l'Allemagne actuelle). Mais le commerce transmit par des voies pacifiques l'influence de Rome même jusqu'aux peuples du Nord, et une foule de monnaies romaines, de vases en bronze et en verre, d'armes, etc., et même d'objets d'art sortis des ateliers romains, fournissent la preuve que, pendant les premiers siècles de notre ère, nos ancêtres ont été en contact très-vif, quoique médiat, avec le principal peuple de l'époque.

Il faut se garder, toutefois, d'attacher au terme »ateliers romains» la signification qu'ils ont été situés dans la ville même de Rome; à l'exception des monnaies, la plupart des ouvrages »romains» trouvés dans le Nord viennent probablement des provinces du vaste empire. Les provinces romaines les plus rapprochées du Nord pendant les premiers siècles de notre ère, étaient l'Angleterre actuelle, les Pays-Bas, l'Allemagne à l'ouest du Rhin et au sud du Danube, et la majeure partie de la Hongrie.

On peut dire en général que l'une des conséquences les plus importantes de la suprématie de Rome, quoique peut-être jusqu'ici celle que l'on a fait le moins ressortir, a été la connaissance de l'usage du fer, répandue plus ou moins immédiatement par les Romains chez les peuples habitant au nord des Alpes. Rome a exercé de la sorte une influence immense, même sur les peuples qui se trouvaient placés bien en dehors des limites de la puissance de ses empereurs.

Les plus anciennes monnaies, actuellement connues, trouvées dans le sol de la Suède, sont romaines à un très-petit nombre d'exceptions [1], et la plus grande partie sont des »deniers» (denarii) d'argent, frap-pés pendant les deux premiers siècles de notre ère.

70. *Monnaie romaine en argent* (*»denier»*). *Sc.* ⅓.

La fig. 70 reproduit une monnaie pareille, à l'effigie d'Antonin-le-Pieux, frappée peu de temps après la mort de cet empereur en l'an 161 [2]. Elle fut trouvée en 1871 avec une foule d'autres monnaies ro-maines datant des années 54 à 211 après J.-C. Les mon-naies, qui se trouvaient presque à la surface du sol, fu-rent découvertes en labourant un champ récemment mis en culture, à Hagestadborg, paroisse de Löderup, dans la Scanie

---

[1] On a trouvé dans l'île de Gotland 2 monnaies macédoniennes (du roi Philippe II) et 1 monnaie grecque. Cette dernière a été frappée dans la colonie grecque de Panormos (la ville actuelle de Palerme) en Sicile.

[2] Au revers est représenté le bûcher sur lequel fut brûlé le corps de l'empereur.

du S.E. De cette trouvaille, le Musée National acheta 550 monnaies, du poids total de $1\frac{1}{2}$ kilogr.

Ce trésor est le plus grand en son genre que l'on connaisse dans toute la Scandinavie à l'exception de l'île de Gotland. En 1842, on trouva dans cette île, à Kams, paroisse de Lummelunda, environ 600 monnaies d'argent romaines de la même époque (le 1:er et le 2:ème siècle). Lors du curage d'un fossé dans un champ à Sindarve, paroisse de Hemse, on découvrit, en 1870, environ 1500 monnaies d'argent pareilles déposées dans un vase d'argile. Comme la plupart des monnaies d'argent romaines trouvées dans le Nord, ces monnaies étaient très-frustes; elles pesaient ensemble plus de $4\frac{1}{4}$ kilogr.

Nous devons noter la circonstance que la trouvaille de Hagestadborg a été faite à l'extrême pointe S.E. de la Scanie, c'est-à-dire dans la partie du continent suédois la plus rapprochée de l'île de Bornholm et de l'Allemagne du Nord, et où des monnaies romaines ont été trouvées plusieurs fois auparavant. Cette circonstance est surtout importante par le fait que la Scanie, Bornholm, Öland et Gotland sont les parties du Nord qui ont fourni sans comparaison le plus grand nombre de monnaies des deux premiers siècles après J.-C. [1].

Si l'on ajoute à cela que de grandes trouvailles de monnaies pareilles ont été faites à l'embouchure de la Vistule et le long de son cours inférieur dans la province de Prusse, en Silésie près de l'Oder, et en Galicie, il en ré-

---

[1] Des 4,715 monnaies romaines de ces deux siècles que l'on connaît actuellement comme trouvées en Scandinavie:

3,240 proviennent de l'île de Gotland, 324 d'Öland et de Bornholm, 584 de la Scanie, 12 du continent suédois à l'exception de la Scanie, 554 du Danemark, à l'exception de Bornholm, mais seulement 1 de la Norvége.

sulte une presque probabilité que la plupart au moins des monnaies romaines de cette époque parvenues dans le Nord, y ont été transportées du S.E. par le commerce, le long des vallées de l'Oder et, principalement, de la Vistule.

Il en est probablement de même d'un grand nombre des autres antiquités romaines trouvées en Scandinavie. Au reste, une certaine partie tant des monnaies que de ces objets, nous sont aussi arrivés sans doute par le S.O., des provinces romaines du Rhin. Jusqu'ici, par contre, l'on n'a pas trouvé de preuves de relations entre les pays du Nord et l'Angleterre pendant la première période de notre âge du fer.

On voit encore sur quelques-uns des produits de l'industrie romaine trouvés dans le sol suédois et dans le sol danois, la marque de fabrique donnant en entier le nom de l'atelier ou du fabricant. Une casserole en bronze portant une marque pareille, fut recueillie en 1828, avec une hache de fer, dans un tumulus situé sur les terres de Kungsgården, paroisse de Hög, Helsingland septen-trional. [1]

L'une des trouvailles les plus remarquables d'ouvra-ges romains faites jusqu'ici en Suède, eut lieu, en 1818, à Fycklinge, paroisse de Björksta, dans la région S.E. du Vest-manland. On découvrit dans un tumulus un grand vase en bronze (Ant. Suéd., fig. 372) rempli d'ossements brûlés, sur le-quel se lisait l'inscription: APOLLINI. GRANNO. DONVM. AMMILLIUS. CONSTANS. PRÆF. TEMPLI. IPSIUS. VS L L M, c.-à-d. que ce vase avait été consacré à *Apollon Gran-*

---

[1] On a trouvé dans le Jutland une casserole en bronze avec le nom du fabricant romain, nom qui se trouve reproduit sur plusieurs autres vaisseaux en bronze, dont l'un a été découvert dans le Hanovre, deux en Angleterre, un en Suisse et quelques-uns dans les ruines de Pompéi.

nus par *Amillius Constans*, préfet du temple de ce dieu.
Comment ce précieux vase est-il sorti du temple romain
pour aller s'enfouir comme urne funéraire dans un tumulus
suédois des régions lointaines du Vestmanland?

Des vases de bronze romains, sans inscription, ont été
trouvés assez souvent en Suède, depuis la Scanie jusqu'au
Medelpad (fig. 71), mais surtout dans les îles d'Öland et de
Gotland. Plusieurs étaient déposés dans des sépultures.

Le village de pêcheurs d'Abekås à l'ouest d'Ystad, sur
la côte méridionale de la Scanie, a fourni en 1872 une

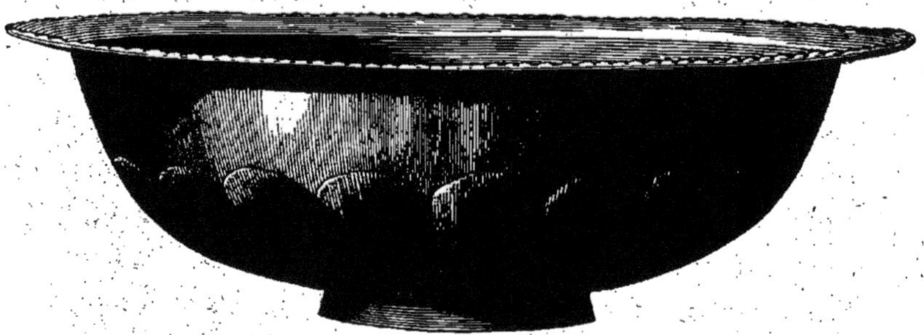

71. *Bassin romain en bronze. Medelpad.* ⅓.

grande et précieuse trouvaille d'antiquités romaines. On
découvrit, dans une sépulture, un grand vase en bronze
contenant les restes d'un corps qui
avait été brûlé, une casserole avec le
tamis en bronze y appartenant, deux
coupes de verre, des fragments de vase
en argile, d'une cotte de mailles à an-

72. *Fragment de cotte de* neaux en fer (fig. 72), d'armes en fer,
mailles en fer. Sc. ⅓. d'étoffe fine, etc. Les vases en bronze
et en verre, et probablement aussi la cotte de mailles, sont
d'origine romaine. (Voir Ant. Suéd., ff. 373, 376, 384
et 396).

A Ösby, paroisse de Gräsgård, dans l'île d'Öland, on découvrit en 1837, en travaillant la terre pour le labour d'automne, une statuette en bronze, haute de 27,5 cm., représentant la déesse romaine Junon (fig. 73). Cette statuette, très-belle, date probablement de la seconde moitié du 2:ème siècle après J.-C.

La même île a fourni une jambe d'une autre statuette en bronze, et un taureau en bronze massif. Cette dernière pièce, qui pèse environ 4,5 kilogr., fut trouvée en 1845, en labourant un champ à Lilla Frö, dans la paroisse de Resmo; le ventre est percé d'un grand trou carré (Ant. Suéd., fig. 371).

Outre les deux coupes en verre d'Abekås, on connaît, d'autres localités de la Suède, — situées tant en Scanie que dans le Bohuslän, la Vestrogothie, l'Upland, le Medelpad, les îles d'Öland et de Gotland, — des vases en verre dont la plupart du moins proviennent de fabriques romaines des premiers siècles de notre ère. La fig. 74 représente une coupe pareille, parfaitement entière, d'un verre verd-clair assez épais. Elle fut trouvée, avec un squelette, une épée en fer et une urne en argile, dans la ciste d'un tumulus à Södra Qvinneby, paroisse de Stenåsa,

73. *Statuette romaine.* Öl. ¼.

île d'Öland; le verre était placé à gauche de la tête du squelette.

Il faut aussi, sans doute, attribuer une origine romaine à une forte partie des nombreuses perles de verre trouvées dans les sépultures suédoises de l'âge du fer. Plusieurs de ces perles se distinguent par leurs figures polychromes artistiquement incrustées.

D'autres localités de la Scandinavie ont également fourni une foule d'ouvrages romains de l'époque dont nous nous occupons, des vases en bronze, en argent, en verre et en argile, des statuettes et un petit miroir en bronze, des perles de verre et des armes de fer. Nous signalerons spécialement, parmi les armes, un casque en bronze, un umbon de bouclier avec le nom du propriétaire en caractères romains, des lames d'épée

74. *Vase à boire, en verre.* *Öl.* ½.

en fer avec des marques de fabriques romaines, des cottes de mailles, etc.

Mais, outre ces objets d'origine romaine, les trouvailles du premier âge du fer contiennent de nombreux ouvrages évidemment fabriqués en Scandinavie, quoiqu'ils trahissent souvent une influence sensible de prototypes romains. Nous pouvons considérer, comme travaux indigènes de cette époque, une foule d'armes, d'anneaux en or (fig. 75), de boucles et d'autres ornements, de vases en argile, quelques magnifiques embarcations trouvées dans une tourbière danoise, etc. Les trouvailles de cette époque nous ont aussi fourni un grand nombre d'outils, comme enclumes, pinces, marteaux de forge et marteaux ordinaires, haches, perçoirs, alênes, ciseaux, couteaux, râpes, rabots et limes, le tout en fer.

Les armes sont principalement de la même espèce que pendant l'âge du bronze, quoiqu'elles revêtent des formes un peu différentes. Les lames des épées, toujours de fer,

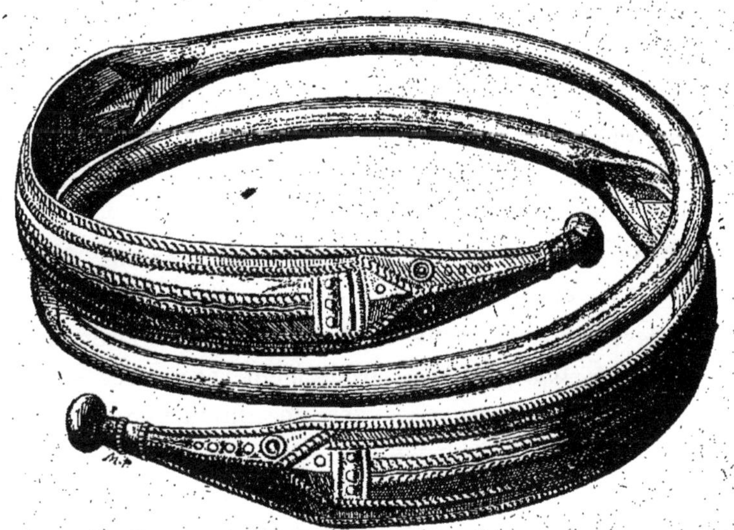

75. *Bracelet en or. Öl. ⅓.*

ont tantôt deux tranchants, tantôt un seul. Elles sont assez souvent d'un travail témoignant d'une haute habileté technique. La poignée, presque toujours en majeure partie de bois ou de corne, est parfois incrustée de bronze ou d'argent. On en voit aussi qui sont entièrement en bronze.

On rencontre souvent encore des traces du fourreau en bois — quelquefois il est même parfaitement conservé — avec une bouterolle en bronze ou en ivoire. On a même trouvé dans des tourbières danoises les ceinturons auxquels les épées se portaient; sur l'un d'eux avait été brodée, entre autres figures, celle d'un dauphin, avec une rare élégance, comme le montrent encore les trous formés par la couture. Cela dénote aussi une influence romaine.

La lance, ou la javeline, paraît avoir été encore plus commune que l'épée. Il nous en a été conservé tant les pointes en fer que les hampes, parfois d'une longueur de plus de trois mètres. Le point d'équilibre était souvent indiqué sur la hampe de la javeline par des clous fins ou par des cordons entourant le bois, afin que celui qui la lançait pût donner avec promptitude et sûreté à l'arme la position convenable dans la main.

Outre les pointes de flèches, ordinairement en fer, nous avons encore plusieurs bois de flèche et plusieurs arcs. Ces derniers sont en bois, longs d'environ 1 m. 75 cm., et ressemblent parfaitement aux arcs qu'emploient encore les sauvages des îles du Pacifique[1]. Les flèches avaient un manche en bois d'environ 60 à 90 cm. de longueur, à l'extrémité postérieure duquel on voit les traces d'une quadruple empennure retenue par des fils goudronnés. Sur le bois était souvent gravée la marque du propriétaire afin qu'il fût plus facile à ce dernier de reconnaître ses flèches; quelques-unes des marques en question sont évidemment des runes.

On a même trouvé un carquois entièrement en bois, pouvant contenir une vingtaine de flèches; il nous est

---

[1] Les arcs à crosse, ressemblant aux arbalètes du moyen-âge, furent inconnus chez nous pendant la période payenne.

égégalement parvenu les garnitures en bronze de deux
avautres carquois pareils.

Les boucliers étaient ronds, plats et composés de plusieurs planches minces; la grandeur en varie de 60 cm.
à 1 mètre et au-delà. Le long du bord court parfois
une fine garniture de bronze ou même d'argent. Au
milieu est un trou pour l'anse; la main était protégée par
un umbon en fer, en bronze, en argent ou en bois fixé sur
ce trou. Il existait encore d'autres armes défensives, telles
que les cottes de mailles déjà mentionnées, probablement re-
çues des Romains, et le casque. Une tourbière, à Thorsbjerg dans le Jutland méridional (Sönder-Jylland), a fourni,
outre un casque en bronze romain, un magnifique casque
en argent avec garnitures en or, probablement de travail
»barbare», c.-à-d. non romain (reproduit fig. 76).

C'est en grande partie aux riches découvertes faites
dans quelques tourbières danoises, que nous devons la
connaissance de la vie des Scandinaves durant le premier
âge du fer. Grâce à la propriété qu'a la tourbe de conserver d'une manière tenant presque du prodige les matières mêmes les plus délicates et en général les plus ex-
posées à la destruction, nous sommes à même de faire
ici la connaissance des vêtements, des ouvrages en bois,
etc. C'est à l'aide de ces trouvailles, provenant en majeure partie des tourbières de Thorsbjerg et de Nydam
dans le Jutland méridional, que l'on a pu représenter
l'image d'un guerrier scandinave du commencement du
4:ème siècle après J.-C., tel que nous le montre la fig.
76. Chaque détail de cette image est historiquement fidèle,
les habits, les armes et les ornements étant dessinés avec
une exactitude rigoureuse d'après ceux trouvés dans les
tourbières précitées.

76. *Chef scandinave du commencement du 4:ème siècle.*

Les vêtements sont de laine; le tissu, plus fin que celui de l'âge du bronze, paraît être un espèce de damas, et le dessin en est souvent quadrillé. Les pièces de l'habillement sont une longue tunique à manches allant jusqu'aux poignets, des braies retenues autour de la taille par un ceinturon ou une martingale, qui n'est pas visible sur le dessin, et cousues à leurs extrémités inférieures à des bas courts. La chaussure extérieure est une espèce de sandales en cuir, décorées d'ornements pressés d'une grande finesse. Sur les épaules est jeté un manteau de laine, dont le bord inférieur est orné de longues franges. L'un des manteaux trouvés dans la tourbière de Thorsbjerg avait conservé sa couleur: il est verd, à bordure jaune et vert foncé.

La fig. 76 nous montre presque toutes les armes qui viennent d'être mentionnées: le casque, en argent doré, qui ne laisse à découvert que le nez, les yeux et la bouche; la cotte de mailles, d'anneaux de fer rivés ensemble, ornée, sur la poitrine, de deux magnifiques plaques rondes en bronze et en argent doré; un bouclier avec umbon et bordure en métal; une épée, un arc, des flèches, et le carquois porté en sautoir.

Pendant l'âge du fer, les habits étaient ordinairement retenus par des aiguilles ou par des broches, et non, comme de nos jours, au moyen de boutons ou de crochets. La fig. 77 reproduit une broche élégante d'un type très-commun pendant le premier âge du fer.

Les parures de cette époque se composaient d'anneaux, d'ornements en or portés en collier (fig. 75, 78 et 79), de perles en or, en verre, en ambre, etc. Les colliers massifs en bronze, si nombreux pendant la seconde partie de l'âge du bronze, ont, par contre, presque totalement disparu. Même les colliers en or sont rares.

L'argent, si commun pendant le dernier âge du fer, n'est encore que d'un emploi très-rare.

Nommons encore, parmi les parures et les objets de toilette, des peignes en os, de petites boites en argent, probablement pour des onguents, des pincettes et des cure-oreilles, ordinairement en bronze, parfois en argent; ces

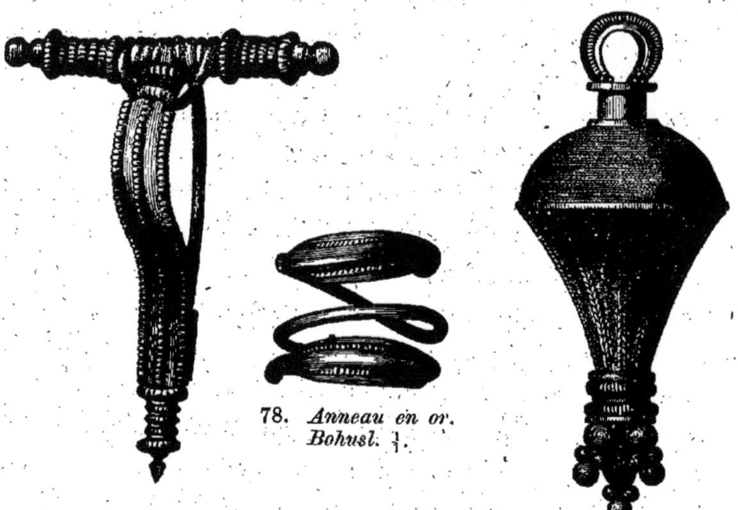

77.   *Fibule en argent doré. Gotl.* ¼.

78.   *Anneau en or. Bohusl.* ¼.

79.   *Pendeloque en or. Öl.* ¼.

pincettes, souvent réunies par un petit anneau à un cure-oreilles, servaient peut-être, au lieu de rasoirs, à enlever la barbe.

Une nouveauté en fait d'instruments de couture, nous est fournie par les ciseaux que nous avons déjà signalés comme n'ayant jamais été rencontrés dans les trouvailles de l'âge du bronze. Les ciseaux de l'âge du fer ressemblent toujours à nos ciseaux à tondre actuels.

Parmi les ustensiles de ménage, nous rencontrons pour la première fois des cuillers et des cornes à boire; du moins, l'on n'en connaît pas encore de l'âge du bronze. Les cuillers étaient ordinairement de bois; une sépulture danoise en a cependant fourni une en argent, probablement d'origine romaine. — Des cornes il n'existe en général plus que les garnitures en bronze de l'embouchure et de la pointe. On rencontre, toutefois, de temps à autre, des débris de la corne même, qui paraît avoir été ordinairement une simple corne de bœuf. La corne à boire accompagnait souvent, avec d'autres vases, le mort dans la tombe; il est assez remarquable que l'on trouve souvent les restes de *deux* cornes dans le même tombeau, quoiqu'il ne paraisse y avoir été déposé qu'un seul corps. Le Danemark et la Norvége ont fourni quelques intéressants vases à boire en verre, ayant la forme d'une corne. Les cornes les plus précieuses du premier âge du fer que l'on ait jamais trouvées dans le Nord scandinave, furent, toutefois, les deux grandes *cornes en or*, découvertes, l'une en 1639 et l'autre en 1734, presque sur le même point, à Gallehus dans le Jutland, mais malheureusement volées et fondues en 1802. Elles pesaient ensemble près de 6 kilogrammes. Autour de l'embouchure ou du pavillon de l'une des cornes se lisait une longue inscription runique.

Pendant cette période, les Suédois possédaient en outre, comme nous l'avons vu, une foule d'autres vases, en partie romains, en verre, bronze, argent, mais surtout en bois et en argile. Ces derniers (fig. 80), qui presque tous paraissent être de fabrication indigène, sont en général beaucoup plus fins, plus minces et mieux cuits que ceux de l'âge du bronze; la forme en est souvent très-élégante. A l'instar des vases en argile des deux périodes précédentes, ceux de l'âge du fer n'ont jamais de couverte.

7

On trouve assez souvent dans les tombeaux de la première et de la dernière partie de l'âge du fer, des dames
et des dés à jouer. Les dames, en os, verre, ambre ou
argile, sont rondes, plates en dessous et bombées en dessus.
Les dés ressemblent ou presque totalement à ceux de
nos jours, ou ils sont plus longs et plus étroits; les différentes faces sont marquées de 1 à 6. Les damiers mêmes
sont quelquefois conservés.

80. *Vase en argile. Gotl.* ⅓.

Aucun des pays scandinaves ne possédait encore de
monnaie frappée indigène (les premières monnaies suédoises
furent celles d'Olof Skötkonung au commencement de
l'époque chrétienne). J'ai déjà signalé les monnaies romaines
trouvées chez nous, datant des premiers siècles de l'ère
chrétienne. Dans les payements on employait en partie ces
monnaies étrangères, en partie de l'or et de l'argent travaillés ou en lingots. On a trouvé de petites balances en
bronze remontant au premier âge du fer. Elles sont probablement d'origine italienne, vu qu'elles présentent une

ressemblance parfaite avec celles employées par les Romains. Elles ressemblent aussi à nos balances actuelles, avec leur tige horizontale et les deux plateaux ou bassins pendant de leurs extrémités.

Les monnaies et la foule d'autres objets d'origine étrangère trouvés dans le Nord, montrent que le commerce et les relations avec les pays étrangers ont dû être très-considérables pendant le premier âge du fer.

Il est probable que les voyages sur terre se faisaient le plus souvent à cheval et que l'on transportait aussi les marchandises à dos de cheval. Quoique cet animal fût déjà employé à la course pendant l'âge du bronze, c'est dans les trouvailles de l'âge du fer que l'on rencontre pour la première fois des restes de bride, d'éperons, etc. Les étriers ne paraissent être venus en usage que pendant le dernier âge du fer. Comme nous l'avons vu, on a déjà de l'âge du bronze des reproductions de voitures en Suède, et quelques trouvailles danoises du premier âge du fer nous ont fourni des roues et d'autres restes de voitures.

L'une des trouvailles les plus remarquables du premier âge du fer, fut fournie en 1863 par la tourbière déjà mentionnée de Nydam dans le Jutland méridional. Elle consistait en deux grands bateaux à clin accompagnés de monnaies romaines du 2:ème siècle après J.-C., et d'une foule d'autres objets du premier âge du fer, dont plusieurs avaient évidemment constitué la cargaison des embarcations. L'une de celles-ci, actuellement réparée, était de chêne, l'autre de pin. C'étaient de grands bateaux non pontés, se terminant en pointe tant à l'avant qu'à l'arrière, ne marchant qu'à la rame et ne portant aucune trace de mât. Ils se distinguent des embarcations actuelles par la façon toute particulière dont les bordages étaient liés aux couples.

81. *Grand bateau en chêne du 4:ème siècle. Nydam, Jutland.*

Le bateau en chêne (fig. 81), remarquable par l'élégance et la souplesse de ses formes, mesure une longueur de 24 mètres entre les pointes élevées des deux étraves; sa plus grande largeur est de 3 m. 50. Il se mouvait au moyen de 14 paires de rames. Celles-ci sont parfaitement semblables à nos rames modernes, et mesurent une longueur de 3 m. 40. Le gouvernail est étroit, et a été fixé à l'un des flancs du bateau, vers l'arrière. Entre autres inventaires de l'embarcation, on trouva une grande ancre en fer, deux escopes, etc.

Dans la dernière partie de l'âge du fer, les navires étaient toujours halés à terre pendant l'hiver, ou quand ils ne devaient pas servir de quelque temps. Aussi voit-on aux étraves de l'embarcation de Nydam des trous pour les cables destinés à ce halage.

On trouva, il y a quelques années, dans une tourbière de Fiholm en Vestmanland, les restes d'un navire qui paraît avoir eu la même construction que les précédents.

Les caractères runiques *(runor)* employés pendant le premier âge du fer et la partie moyenne de cette période, que l'on pourrait appeler **runes anciennes,** se distinguent considérablement des **runes ordinaires** que l'on rencontre sur les pierres runiques si communes surtout dans la région du Mälar.

Sur une bractéate trouvée près de Vadstena (Ostrogothie) et datant probablement du 5:ème siècle après J.-C., se lit toute l'ancienne série runique [1], c.-à-d. toutes les runes anciennes rangées de la manière suivante:

---

[1] On préfère éviter l'emploi du terme "alphabet runique", les runes n'étant pas rangées comme les caractères grecs, latins et modernes de manière à commencer par A et B.

ᚠ ᚢ ᚦ ᚨ ᚱ ᚲ ᚷ ᚹ : ᚺ ᚾ ᛁ ᛃ ᛈ ᛒ ᛁ ᛊ : ᛏ ᛒ ᛖ ᛗ ᛚ ᛜ ᛟ

f u th a r k g w : h n i j (?) p -s s : t b e m l ng o

Outre les runes inscrites sur cette bractéate [1], on en a d'autres
encore de ce temps-là, comme, p. ex., ᛗ = d, ᛉ = k.

82. *Ancienne pierre runique à Tanum, Bohuslän.*

---

[1] Les runes ᚦ et ᚹ ont probablement désigné le même son que le
th et le *w* des anglais. La rune ᛉ n'apparaît à cette époque qu'à la
fin des mots; le son représenté par elle fut premièrement *s*, mais passá
ensuite à *r*, à mesure que la langue se modifia.

Il suffira d'un simple coup d'oeil jeté sur ces signes, pour voir la proche affinité des runes avec les caractères grecs et romains, surtout dans leur plus ancienne forme, ᚦ ᚱ ᚲ ᚺ ᛁ ᛊ ᛏ ᛒ se retrouvent presque sans changement dans les types romains D R C H I S T B, qui représentent les mêmes sons que les runes correspondantes. La rune ᛟ a la même forme et le même son que l'oméga (Ω) grec. Avec un peu d'attention, on voit aussi que les autres runes ne diffèrent que légèrement des caractères des peuples grecs et italiens (la rune ᚢ est, p. ex., l'U (V) latin renversé, etc.). Il est donc clair ou que les runes et les caractères graphiques des peuples de l'Europe méridionale doivent avoir une origine commune, ou, ce qui paraît toutefois plus probable, que l'écriture runique a été créée par les Germains après qu'ils eurent fait la connaissance de l'écriture des peuples grecs ou italiens.

Les plus anciennes inscriptions runiques dont il soit possible de déterminer l'âge, se trouvent sur quelques armes et sur quelques outils appartenant aux grandes trouvailles des tourbières danoises, signalées plus haut, de l'an 300 environ après J.-C. C'est de cette époque et des siècles qui suivirent immédiatement, que datent probablement toutes les inscriptions suédoises connues en "runes anciennes." Elles se rencontrent sur 13 pierres runiques [1], sur une broche en argent doré, trouvée à Ethelhem, île de Gotland, sur une amulette (?) en os, de la tourbière de Lindholm en Scanie, sur la bractéate remarquable de Vadstena, mentionnée ci-dessus, et sur plus de

[1] De ces anciennes pierres runiques, 5 appartiennent au Bleking (Björketorp, Gommor, Istaby, Stentoften et Sölvesborg), 1 au Bohuslän (Tanum, fig. 82), 1 au Vermland (Varnum, près de Christinehamn), 1 à la Vestrogothie (Vånga), 1 à l'Ostrogothie (cimetière de Rök), 2 à la Sudermanie (Berga et Skåång), et 2 à l'Upland (Möjebro, dans la paroisse de Hageby, et Krogstad).

20 autres bractéates en or de la Scanie, du Bleking, du Halland, de la Vestrogothie et de Gotland.

Des inscriptions en runes anciennes ont aussi été trouvées en Norvége (sur des pierres et sur des bractéates d'or) et en Danemark (sur un umbon de bouclier, sur le dard d'un fourreau d'épée, sur des flèches, un rabot, une corne à boire en or, un anneau d'or, un peigne, des boucles et des bractéates d'or). On rencontre en outre ces inscriptions en Angleterre (nombreuses), en France (Bourgogne), en Allemagne et en Valachie (sur un grand anneau d'or massif).

La présence des inscriptions runiques non-seulement sur les pierres mémoriales consacrées à des parents morts, mais aussi sur un grand nombre d'objets appartenant à la vie journalière, tels que parures, armes et outils, paraît indiquer que la connaissance des runes n'était pas restreinte à un petit nombre, mais au contraire très-généralement répandue parmi le peuple.

Quoique ces inscriptions en runes anciennes ne contiennent pas de données sur des personnes ou des événements historiques, elles sont cependant de la plus grande importance pour la connaissance d'une foule de circonstances d'une vaste portée au point de vue de la civilisation, mais surtout pour celle de la langue. Elles constituent nos plus anciens documents écrits, et précèdent de 7 à 8 siècles nos premiers actes écrits sur parchemin. Elles montrent que la langue et, par conséquent, aussi le peuple du premier âge du fer étaient germaniques; elles montrent aussi que la langue parlée en Suède pendant les 3:ème, 4:ème et 5:ème siècles après J.-C., ressemblait beaucoup à celle que les Goths du Danube parlaient à la même époque, quoique ce ne soit pas la même langue.

Nous ne possédons pas, il est vrai, de données directes sur la religion de nos ancêtres pendant la partie de l'âge du fer qui nous occupe, mais nous avons des raisons d'admettre qu'elle ressemblait à beaucoup d'égards à la croyance religieuse du dernier âge du fer, telle que nous la connaissons par les anciens poëmes de l'Edda. Thor, le dieu du tonnerre ou des éléments aériens, *le Jupiter tonans* des Romains, était assurément le principal dieu des Goths, et nos nombreuses dénominations géographiques locales rappellent *son culte, — Thorsharg* (actuellement la petite ville de Thorshälla), autel de Thor, *Thorslunda* (nom de plusieurs localités), bois sacré de Thor, *Thorsvi,* lieu consacré à Thor, etc. —, indiquent, sans nul doute, en général des localités où, pendant la première période de l'âge du fer, sinon même avant, nos ancêtres offraient leurs sacrifices et leurs adorations au dieu du tonnerre et des combats. Les grandes trouvailles des tourbières danoises, déjà signalées plusieurs fois dans ces pages, sont aussi considérées comme provenant de sacrifices offerts par une armée triomphante au dieu qui lui avait donné la victoire, et il nous sera peut-être permis de rappeler à cette occasion que l'une des plus précieuses des trouvailles précitées a été faite dans la tourbière de *Thorsbjerg* (montagne de Thor).

Plusieurs sépultures suédoises du premier âge du fer contiennent des ossements brûlés; on trouve dans d'autres des corps qui n'ont pas subi la crémation. Les trouvailles et les explorations sont toutefois encore trop peu nombreuses en Suède, pour qu'il soit possible de décider lequel de ces modes de sépulture est le plus ancien, ou s'ils sont contemporains.

Les ossements brûlés sont ordinairement déposés dans une urne en argile cuite ou en bronze (voir p. 88). Les corps non brûlés reposent souvent, surtout dans les îles d'Öland et de Gotland, dans des cistes en pierre pareilles à celles de l'âge du bronze signalées à la page 74. Quand on ne brûlait pas les morts, ils paraissent avoir été enterrés avec leurs habits et leurs parures, les hommes avec leurs armes; on voit parfois sur la poitrine du corps l'umbon et d'autres restes d'un bouclier, lequel avait ainsi couvert le guerrier même après sa mort. Assez souvent, comme nous l'avons vu, on rencontre, à côté du corps, des cornes à boire, des coupes en verre ou d'autres vases, des dames de jeu, des dés à jouer, etc. Même les tombes avec des ossements brûlés contiennent ordinairement des parures et des armes, souvent endommagées par le feu, circonstance due, sans doute, à ce qu'elles avaient accompagné le mort sur le bûcher.

En Suède, les sépultures du premier âge du fer sont ordinairement recouvertes d'un monticule de terre (tumulus) ou de pierre (cairn). Parfois, cependant, on rencontre aussi, comme en Scanie, des tombeaux de cette période placés, comme dans les cimetières chrétiens, *sous* la surface du sol. De nos jours, du moins, ils ne se trahissent en aucune façon au-dessus de la terre. On découvre ordinairement plusieurs de ces tombeaux tout près les uns des autres. La plupart des champs sépulcraux de cette catégorie trouvés en Suède contiennent des corps non brûlés [1].

---

[1] On rencontre de même très-souvent en Allemagne et en Danemark des »cimetières« semblables du premier âge du fer. En général, les corps né sont pas brûlés. Mais l'on a aussi trouvé de ces cimetières non recouverts par des tumulus, contenant des restes de corps ayant subi la crémation. C'est surtout le cas des 4000 »brandpletter« (dépôts cinéraires) explorés ces dernières années dans l'île de Bornholm par M. le préfet Vedel. Un »brandplet« est une petite fosse circulaire dans le sol, d'environ 60 centimètres de diamètre et de 30 centimètres de profondeur, remplie de terre noire dans laquelle ont été jetés sans ordre des débris de corps brûlés, des armes, des parures, des vases et autres objets. Les recherches faites dans ces tombeaux par M. Vedel, ont fourni des matériaux essentiels pour la connaissance du commencement de l'âge du fer scandinave. Pour des tombeaux semblables de l'âge du bronze, voir p. 75.

83. *Tombeaux du premier âge du fer, avec pierres levées (»bautastenar»), à Greby, Bohuslän.*

B. Période moyenne de l'âge du fer.

Après que l'Italie eut été inondée par les "barbares", *la* civilisation ne trouva plus d'asile que dans la partie de l'empire relevant de Byzance ou Constantinople. Un intérêt tout spécial s'attache par ce fait à ces nombreux souvenirs de relations très-vives avec Byzance, que l'on rencontre chaque année dans notre sol.

84. *Monnaie byzantine du 5:ème siècle. Öl. ¼.*

Les plus éloquents de ces souvenirs sont les monnaies d'or byzantines du 5:ème siècle, trouvées en nombre considérable dans la Scandinavie, et surtout en Suède[1]. La fig. 84 est la reproduction d'une monnaie d'or pareille, frappée à Byzance sous le règne de l'empereur Léon I (457—474).

L'importance du »courant d'or» venant de Byzance ressort encore davantage, si l'on réfléchit à ce que la plus grande partie des magnifiques parures en or si nombreuses dans les trouvailles du milieu de l'âge du fer, ont ou accompagné les monnaies depuis le sud, ou ont été travaillées ici de monnaies d'or byzantines et romaines fondues.

---

[1] On connaît actuellement 233 monnaies d'or byzantines et 73 de l'Empire romain d'Occident (des sous d'or, *solidi*), du 5:ème siècle, trouvées en Scandinavie. De ces 306 monnaies, 78 proviennent du Danemark, et 228 de la Suède, mais *aucune* de la Norvége. Non moins de 240 ont été fournies par les trois îles de Gotland, Öland et Bornholm; la plus riche en trouvailles de ce genre, est Öland (avec 108 *solidi*).

La source de ce courant d'or est probablement *l'impôt en or* que, d'après ce que nous rapporte l'histoire, durent payer aux Goths du Danube plusieurs des empereurs de Byzance, et précisément ceux dont les noms se retrouvent sur les monnaies découvertes chez nous. Il est aussi facile de *tracer*, à l'aide des trouvailles, les chemins par lesquels ces trésors parvinrent jusqu'aux peuples des rives de la Baltique, proches parents des Goths. Ces chemins suivaient les vallées des grands fleuves et surtout de la Vistule [1], par la Pologne et par l'Allemagne orientale actuelles.

Il suffira de jeter un regard sur les précieuses parures en or du milieu de l'âge du fer, pour se faire une idée des richesses en or qui existaient alors en Suède. Des anneaux de ce métal du poids d'un kilogramme ont été trouvés plusieurs fois. La plus grande trouvaille en or que l'on connaisse chez nous, et l'une des plus grandes que l'Europe ait fournies, est celle faite, en 1774, à Thureholm en Sudermanie, près de la petite ville de Trosa. De cette trouvaille, qui pesait plus de 12,300 grammes, le Musée national possède un magnifique collier en or (fig. 85), du poids de près d'un kilogramme, ainsi que de précieuses garnitures du même métal pour une poignée et pour un fourreau d'épée (fig. 86), etc.

Les plus belles parures en or de cette époque trouvées jusqu'ici dans le Nord, sont trois grands et splendides colliers, s'ouvrant en charnière, pesant chacun de 650 à 850 grammes et composés de plusieurs (3, 5 ou 7) tubes superposés, en filigrane d'une finesse exquise, retenus par emboitement les

---

[1] La circonstance que la route commerciale ordinaire entre l'Europe du Sud et la Scandinavie suivait le cours de la Vistule, est aussi prouvée par la mention que l'auteur goth Jordanes (ou Jornandes), évêque de Ravenne, fait de »l'île Scanzia» (= la Scanie ou la Suède), comme se trouvant en face de l'embouchure de la Vistule.

uns dans les autres. Deux de ces parures proviennent de la Vestrogothie, et la troisième de l'île d'Öland. (Ant. Suéd., fig. 467). On n'en connaît aucune d'autres pays.

85. *Collier en or massif. Suderm.* 2/3.

· La Suède ne possédant pas encore à cette époque de monnaie (frappée) indigène, les payements se faisaient avec

de l'or au poids.   Aussi rencontre-t-on souvent dans notre
sol des anneaux d'or grands et petits, lisses, enroulés en
spirale, qui ont évidemment servi de moyens de payement.
Il n'est pas rare de les trouver tronqués à l'un des bouts
(fig. 87), parfois à tous les deux.

Des parures très-communes en Suède pendant le milieu
de l'âge du fer, furent les *bractéates d'or* (ff. 88 et 89).

On en rencontre parfois plusieurs au même endroit, avec
des perles en or ou en verre, et tous ces objets ensemble
paraissent avoir été pas-
sés à un cordon et portés
en collier, les perles
séparant les bractéates
pour empêcher celles-ci
de retomber les uns sur
les autres.

Plusieurs de ces
bractéates (f. 88) por-
tent une tête humaine
placée au-dessus d'un
quadrupède, et sont

86.   *Ornement en or pour le fourreau
d'une épée. Suderm. ¼.*

primitivement des reproductions de monnaies romaines du
4:ème siècle.   On a supposé que plusieurs d'entre elles repré-
sentaient peut-être Thor ou un autre dieu; une barbe étroite
et pointue donne parfois à l'animal une certaine ressemblance avec le bouc, animal consacré à Thor.   D'autres
bractéates (f. 89) sont ornées d'entrelacements qui méritent
une attention toute particulière, en ce qu'ils démontrent la
présence, dans la période moyenne de l'âge du fer, de ces
ornements qui se développèrent si richement dans les derniers siècles du même âge.

Les bractéates, souvent travaillées avec une rare dextérité, doivent être sans doute des ouvrages indigènes, vu qu'on en a trouvé un nombre considérable dans la Scandinavie [1], tandis qu'elles sont très-rares dans d'autres pays, où on les a rencontrées au reste dans des circonstances emportant une très-forte probabilité qu'elles y sont venues de nos contrées.

Les fibules magnifiques de cette période (fig. 90—91) sont tout aussi remarquables par leur forme caractéristique que par leur ornementation »barbare». On voit que l'influence romaine, si évidente pendant les siècles précédents, a main-

88. *Bractéate en or, avec une courte inscription runique. Sc. ¼.*

87. *Spirale en or, coupée. Öl. ¼.*

89. *Bractéate en or. Bohusl. ¼.*

tenant cessé. Ces fibules qui, avec de petites différences de détail, se retrouvent dans tous les pays habités par des Germains vers le milieu de notre âge du fer, sont ordinairement en bronze ou en argent, souvent dorés, parfois ornementés de grenats ou de petits verres colorés.

Outre les monnaies d'or byzantines, les spirales, les bractéates et tant d'autres objets en or, ainsi que les grandes

---

[1] Il a été trouvé tant en Suède qu'en Norvége et en Danemark, environ 200 bractéates d'or de la même espèce que la fig. 88, et plus de 100 bractéates avec entrelacements (= fig. 89.)

fibules, nous pouvons citer encore, comme caractéristiques pour le milieu de l'âge du fer, des épées à poignées du genre de celles des fig. 92—94. Ces poignées sont ordinaire-

90. *Fibule en bronze doré.*
Helsingl. ¼.

91. *Fibule en argent doré. Sc.* ⅔.

ment d'argent ou de bronze dorés. Les pommeaux tri-angulaires sont souvent décorés d'entrelacements élégants; parfois ils sont en or massif, avec grenats enchâssés. On a trouvé aussi en Suède deux boutons massifs en or, de la même forme que le bouton rond fig. 92—93. Outre les garnitures de Thureholm, d'autres parties de la Suède ont fourni plusieurs garnitures, en or pur, de poignées et de gaînes d'épées appartenant à cette période, et dont quelques-unes sont décorées de très-beaux ornements en filigrane.

L'une des trouvailles les plus remarquables de la période moyenne de l'âge du fer, est celle qui fut faite en 1855 dans un tumulus à Ultuna, près du Fyriså [1] au sud d'Upsal. Ce tumulus contenait les restes encore distincts d'un *navire*, dans lequel un guerrier avait été enseveli avec

93.   *Pommeau d'épée, en bronze doré.*   Vestrog. ½.

ses armes et ses deux chevaux [2]. On voyait encore à leur place les clous en fer qui avaient

---

[1] Rivière célèbre dans la période légendaire de l'histoire de la Suède, qui, après avoir traversé la ville d'Upsal, se jette, au sud de cette ville, dans le Mälar.

[2] On fit, en 1867, une trouvaille semblable dans un grand tumulus à Tune, près de Frederiksstad en Norvége, où un homme avait aussi été enseveli dans un navire avec ses armes et ses deux chevaux. Mais, comme la partie inférieure du tumulus consistait en argile bleue, le navire était resté en très-grande partie presque intact. La construction du navire est à peu près la même que celle du bateau de Nydam (p. 100), mais le navire norvégien avait un *mât*. On le conserve au Musée de Christiania avec les antiquités qu'il contenait. Cette trouvaille paraît appartenir à une époque de l'âge du fer un peu plus récente que celle d'Ultuna.

92.   *Épée en fer, à pommeau en argent et en bronze doré. Gotl.* ⅛.

94. *Poignée d'épée, en bronze doré. Upl. ⅔.*

retenu les bordages. Le navire paraît avoir eu les dimensions d'une petite barque à un mât. A côté du corps non brûlé se trouvait une épée; la lame est en fer, et la magnifique poignée, en bronze doré, est décorée d'entrelacements d'une exquise élégance (fig. 94). On recueillit en outre des débris de la gaîne en bois et de ses garnitures dorées. On rencontra aussi un casque en fer, à crête ou cimier en bronze garni de zinc, — le seul casque connu jusqu'ici de la période payenne de la Suède, — un magnifique umbon de bouclier, en

95. *Umbon de bouclier, en fer plaqué de bronze. Upl.* ½.

fer plaqué de bronze (fig. 95), la poignée ou l'anse du bouclier, 19 têtes de flèches, le mors de deux brides, une paire de ciseaux, le tout en fer, 36 dames de jeu [1] et 3 dés en os. A l'avant, se trouvait un gril en fer et un chaudron de tôle de fer rivée, avec une anse mobile, ainsi que des os de porc et d'oie, probablement des restes du repas des funérailles.

---

[1] L'une des dames se distinguait des autres par une garniture métallique, circonstance que l'on a observée dans d'autres trouvailles d'objets pareils, provenant de l'âge du fer.

D'autres sépultures de la période qui nous occupe, contiennent des restes de corps incinérés.

Cette période, avant la fin de laquelle non-seulement le Götaland, mais encore les côtes du Norrland étaient habitées jusqu'au Medelpad (62° de lat. N.), paraît se rapprocher en général un peu plus de la première que de la dernière période de l'âge du fer, quoique l'on puisse constater plusieurs points de contact avec celle-ci. Tels sont, p. ex., la forme des poignées d'épée (cf. fig. 93 et 117), le goût des entrelacements en forme de serpent (fig. 96) [1], etc.

96. *Partie du bord d'un umbon de la même forme que la fig. 95. Upl. ¼.*

---

[1] *»Drakslingor»*, entrelacements de dragon ou de serpent, motif d'ornementation favori des populations scandinaves de l'âge du fer.

C. Le dernier âge du fer ou la période des vikings.

La dernière partie de l'âge du fer comprend à peu près les mêmes siècles que le temps dit »des vikings» (*vikingatiden*). Il est loisible, sans doute, de parler d'expéditions maritimes faites par les vikings (*vikingatåg*), ou, du moins, de se figurer de ces expéditions, avant le 8:ème siècle, si l'on donne ce nom à toute course maritime ayant la guerre et le pillage pour but. Mais ces expéditions suédoises primitives, à l'égard desquelles l'histoire est à peu près muette, ne se sont pas, sans doute, étendues plus loin que la Baltique et les frontières du Nord[1], et elles n'ont pas eu l'importance historique des campagnes maritimes postérieures, dans lesquelles les »rois de la mer» (*sjökonungar*) des pays scandinaves osaient s'attaquer aux vieux états civilisés du sud et de l'ouest de notre continent. Ce fut, d'après la chronique anglo-saxonne, en l'an 787 que les navires des vikings scandinaves se montrèrent pour la première fois sur les côtes de l'Angleterre.

Le dernier âge du fer se distingue au reste par un autre événement historique important, la réunion des provinces de la Suède en *un royaume* sous le sceptre du roi d'Upsal. A peu près vers la même époque (environ l'an 900), Gorm le Vieux devint le premier roi général du Danemark, et Harald Hårfager (Harald aux beaux cheveux) soumit toute la Norvége à sa domination.

---

[1] Les chants d'Ossian semblent indiquer des relations très-anciennes entre le Bohuslän et l'Écosse. Mais, à cette époque, le Bohuslän était encore terre norvégienne.

Rares sont les sources de l'histoire pendant la période des vikings, quoique dix siècles seulement la séparent de nous. Nous ne possédons aucune chronique suédoise datant des temps payens, ou même seulement des premiers siècles de notre époque chrétienne; à peine rencontrons-nous avant Olof Skötkonung, le premier roi chrétien de la Suède, quelque courte liste de rois, peu authentique en outre par son origine relativement récente. D'autre part, les inscriptions runiques, si importantes pour la connaissance de notre langue ancienne, ne nous apprennent que fort peu de choses sur notre histoire politique.

A l'égard des documents écrits, nous sommes donc presque exclusivement réduits à des sources étrangères, parmi lesquelles les »sagas»[1] islandaises occupent, comme l'on sait, la première place. Nous ne devons pas oublier, toutefois, qu'elles ne datent, dans leur état actuel, que de 250 ans environ après le baptême d'Olof Skötkonung, et qu'en outre, en tant que sources étrangères, elles doivent être employées avec une certaine précaution.

Pour l'étude, par contre, de la *civilisation* de nos ancêtres, de leur vie domestique pendant les derniers siècles de la période payenne, nous sommes puissamment aidés par la connaissance plus complète que l'on possède de l'état social de la Norvége et de l'Islande vers ce temps-là, vu que, dans beaucoup de cas, il doit s'être assez ressemblé dans les pays du Nord. C'est surtout le cas, comme plusieurs preuves directes nous le démontrent, de la religion et de la théogonie de nos ancêtres. L'*Edda*[2]

---

[1] Le mot »*saga*» (cf. l'allem. *Sage*) avait jadis à peu près la même signification que notre terme actuel d'*histoire*, c.-à-d., un récit d'événements réels, et non d'événements nés dans l'imagination de l'auteur.

[2] Ou plutôt les *Eddas*. »L'ancienne Edda», ou »l'Edda de Sæmund», est une collection d'anciens chants, faite dans le 12:ème siècle, et qui

ne fut, il est vrai, rédigée dans sa totalité, et conservée qu'en Islande; mais tout montre que ce fut un trésor de chants primitifs et de sagesse pratique primitive, commun à toute la Scandinavie, même probablement à toute la race germanique, que les Islandais sauvèrent de la destruction.

Le développement de notre peuple pouvant en général être considéré comme la progression d'un état inférieur à un état supérieur, nous obtenons une foule de données précieuses sur la civilisation des temps anciens par l'étude des époques plus récentes, si nous fixons notre attention sur les nombreuses circonstances qui, par le fait même de leur simplicité, se montrent être des souvenirs de temps immémoriaux.

Nous trouvons toutefois la source principale de nos connaissances sur la vie des populations de la Suède à l'époque des vikings, dans le grand nombre d'antiquités de cette époque conservées jusqu'à nos jours.

———

Le *Svithiod* (ancien nom de la Suède) de l'époque des vikings ne comprenait pas toute la Suède actuelle. La Scanie et le Halland appartenaient au Danemark, le Bohuslän et le Jemtland à la Norvége. La Dalécarlie et le Vermland étaient des provinces frontières contestées. La région côtière du Norrland, jusqu'à la frontière nord de l'Ångermanland, était, il est vrai, comme le montrent

———

nous initie à la connaissance de la religion et de la philosophie pratique de nos ancêtres, et de leurs chants héroïques. Un manuscrit de cette collection longtemps oubliée, presque le seul manuscrit ancien que l'on en possède, fut trouvé vers l'an 1640 chez un paysan islandais. — »La jeune Edda», ou »l'Edda de Snorre», est un exposé rédigé, environ l'an 1230, par Snorre Sturleson, des idées cosmogoniques et religieuses et de l'art poétique des habitants payens du Nord.

les nombreux tumulus que l'on y rencontre, habitée au temps des vikings; mais la population y était plus récente, et probablement plus clair-semée, que dans la partie méridionale du pays. La Finlande n'avait pas encore été réunie à la Suède.

Les »pays» tributaires du roi du Svithiod à la fin des temps payens, étaient donc la région côtière du Norrland mentionnée plus haut, les trois provinces riveraines du Mälar (Sudermanie, Upland, Vestmanland), la Dalécarlie, la Néricie, la Vestrogothie et l'Ostrogothie, le Småland, le Bleking, et les îles d'Öland et de Gotland [1]. La surface de l'ancien Svithiod n'était donc que d'environ 1,400 milles carrés de Suède (1,600 myriamètres carrés), ou un peu plus de la moitié de la Suède actuelle (les 1,000 milles carrés, = 1,140 myriam. carrés, de la Laponie *non* compris.)

L'aspect du pays a subi des transformations considérables pendant les douze siècles qui nous séparent du commencement de la période des vikings. Une grande partie du sol actuellement le plus fertile était recouverte par les eaux d'un lac, ou occupée par des tourbières marécageuses, et l'on marche maintenant à pied sec sur plus d'une passe navigable au moyen-âge, ou même à une époque encore plus récente. Ces changements ne sont pas exclusivement l'œuvre de la nature. L'homme y a puissamment contribué par le déboisement des forêts et par la foule de défrichements et de cultures nouvelles qui, surtout pendant ce siècle, ont pris la place des forêts et des marécages desséchés.

---

[1] La circonstance que ces deux îles et le Bleking étaient déjà comptés comme appartenant à la Suède, est prouvée par l'intéressant récit qu'Ottar et Ulfsten firent au roi Alfred le Grand d'Angleterre de leur voyage en Scandinavie vers la fin du 9:ème siècle.

Nous ignorons, comme on peut le comprendre, la grandeur de la population de la Suède à la fin de la période payenne; mais l'on peut admettre, sans crainte de se tromper beaucoup, qu'elle ne s'élevait pas même au cinquième de la population actuelle (un peu plus de 4 millions d'habitants).

La plupart des villages et des fermes ou métairies dans lesquels habitaient les Suédois de la dernière période de l'âge du fer, avaient déjà leurs noms actuels, et occupaient en général le même emplacement que de nos jours. C'est ce que prouve la circonstance remarquable que l'on rencontre ordinairement à côté de chaque village le champ funéraire dans lequel repose la population payenne du village. Avant que l'on eût réussi à obtenir l'aperçu général que nous possédons actuellement de nos antiquités, on croyait que chaque collection de tumulus et de pierres levées indiquait un champ de bataille. Mais cette admission devint insoutenable à mesure que l'on constata le nombre de ces cimetières primitifs, et elle dut être totalement abandonnée quand on eut trouvé dans les tumulus une foule de tombeaux de femmes et d'enfants.

Plusieurs pierres runiques des derniers jours du paganisme nous apprennent non-seulement le nom du village ou de la manse (*gård*), mais aussi celui du propriétaire d'alors. Ainsi, sur une pierre runique située près d'Ekolsund (domaine des bords du Mälar à quelques myriamètres de Stockholm), élevée par elle en l'honneur de son mari Thordjerf Gudlögsson, Gida raconte qu'elle demeurait à »Harvistam», le Härfvesta actuel; d'autres pierres mentionnent Ulf de »Skulibri» (Skålhamra), Björn de »Kranby» (Granby), Ågöt de »Kalfstadhum», etc. Un riche paysan ou propriétaire libre, du nom de »Jarlabanki», a signalé, sur non moins de cinq pierres runiques différentes, »qu'il possédait à lui seul tout Täby» (dans la paroisse actuelle de Täby en Upland, à environ 20 kilomètres de Stockholm). La circonstance qu'une foule de noms de localités suédoises datent des temps payens, est indiquée en outre, comme nous l'avons déjà vu (p. 105), par le fait que plusieurs d'entre eux sont formés de noms de divinités; c'est le cas, p. ex., de Odensvi, Thorslunda, Frövi, etc., désignant encore de nos jours les localités où l'on a jadis sacrifié aux dieux Ases.

Les villes suivantes sont déjà mentionnées en Suède à l'époque des vikings: *Lödöse,* sur le Götaelf, le Gothembourg de ces temps-là, mais situé plus en amont, *Skara, Faluköping,* centres de la plus ancienne culture de la Vestrogothie, *Kalmar, Telge, Birka* (probablement sur l'île de Björkö dans le Mälar) et *Sigtuna.* Il ne faut pas, toutefois, se faire une trop haute idée de la grandeur, de la population et de la pompe architecturale de ces villes.

A cette époque, les maisons étaient sans doute exclusivement construites en bois, l'art de fabriquer la chaux et la brique n'étant probablement arrivé dans le Nord qu'avec le Christianisme. Les demeures suédoises de la période des vikings ressemblaient sans nul doute à celles décrites dans les sagas norvégiennes, circonstance rendue très-probable par la rencontre, encore de nos jours, dans les parties éloignées du pays, de quelques maisons d'une construction parfaitement identique, connues sous le nom de *ryggås-stugor,* souvenirs de l'architecture des temps passés.

Ces anciennes demeures ne formaient à proprement parler qu'une seule pièce ou chambre *(stuga),* dessinant un parallélipipède rectangle, dont les longs côtés étaient très-bas et n'avaient ni fenêtres ni portes. L'entrée, pratiquée à l'un des pignons, était surmontée d'un porche (*förstuga*), et la fenêtre (ou les fenêtres) était placée en tabatière sur le toit, ordinairement très-élevé, supporté par des poutres reposant sur les longs côtés. L'espace entre ces poutres ou traverses n'était en général masqué par aucun revêtement, et laissait passer la faible lumière qui pouvait pénétrer par les fenêtres, ou par l'ouverture livrant passage à la fumée. Les cheminées étaient encore inconnues, et la fumée s'échappait directement par cette ouverture du foyer établi au milieu de la chambre. A l'extérieur, le toit était recouvert de gazon, de paille ou de bardeaux. Pour les salles de grandes dimensions, le toit reposait sur deux rangées de pilliers en bois placés des deux côtés de la ligne médiane, à l'instar des colonnes de nos églises.

Les fenêtres étaient originairement des lucarnes ouvertes, simplement munies d'un panneau en planche servant à les fermer. Dans les cas de luxe, elles étaient recouvertes d'une plaque plus ou moins transparente, faite, le plus souvent, suivant toute probabilité, de la pellicule qui entoure le veau à sa naissance (employée encore de nos jours au lieu de vitre par les Islandais). Les vitres de verre, quoique déjà en usage chez les Romains, furent inconnues aux populations payennes du Nord. A l'intérieur, les parois étaient en général nues ou recouvertes seulement de boucliers, d'armes et d'autres objets semblables. Dans les circonstances solennelles, on les décorait d'une tenture spéciale (»*bonad*», garniture), composée d'étoffes tissées et teintes.

Le plancher était, comme de nos jours encore dans plusieurs endroits, d'argile fortement battue. Il ne pouvait guère être en planches, aussi longtemps qu'il n'exista pas de foyer proprement dit, et que le feu flambait librement sur l'âtre, formé de pierres plates ou de dalles établies au milieu de la salle. En Norvége, ce ne fut que vers la fin du 11:ème siècle que l'on commença à se servir de fours murés et de cheminées. Cette amélioration, qui doit avoir grandement contribué à rendre les habitations plus agréables, ne fut probablement pas introduite en Suède plus tôt qu'en Norvége.

Le mobilier de nos ancêtres payens n'était ni considérable, ni précieux. Des bancs et des lits fixés à la paroi, de longues tables placées parallèlement aux bancs, et quelques bahuts dans lesquels se conservaient les objets précieux de la maison, tel était sans nul doute le principal, si ce n'est l'unique mobilier. Le Håvamål (l'un des chants de l'Edda) fait toutefois mention de chaises ou de fauteuils. De plus, il est raconté dans une saga islandaise, comment, en l'an 1011, un homme pénétra dans un tumulus de la Norvége, et y trouva le mort (»l'habitant du tumulus», *högbon*) assis sur une chaise. Un fait assez remarquable est la découverte, vers la fin du siècle passé, dans la chambre sépulcrale d'un tumulus norvégien, de deux squelettes complètement habillés, assis sur des siéges en bois, qui toutefois tombèrent en poussière au contact de l'air.

Dans la chambre ou la demeure du paysan norvégien, telle que les sagas la décrivent, la place du père de famille était au »siége d'honneur» (*högsätet*, haut siége), établi au milieu de l'une des parois longues. Devant ce siége se trouvaient les deux piliers (»*högsätesstolparne*») sacrés durant l'époque payenne. La présence d'un siége d'honneur pareil dans la demeure du paysan ou propriétaire libre suédois, est prouvée par la circonstance que le nom et l'objet se sont conservés jusqu'à ces derniers temps dans certaines localités.

Les bancs ne servaient pas seulement de siéges pendant le jour, mais encore, dans bien des endroits, on les employait comme lits. Il est toutefois fait mention de lits spéciaux placés derrière les bancs. Dans les demeures des gens riches, les bancs étaient à l'ordinaire recouverts de tapis ou de coussins rembourrés [1].

Les tables étaient longues et étroites. Elles n'étaient pas établies à demeure devant les bancs, mais, comme nous le montrent plusieurs récits des sagas, on les y plaçait aux repas, pour les enlever à l'ordinaire le repas fini, et quand on commençait à se mettre à boire pour tout de bon. Quelques tables très-anciennes de cette espèce ont été conservées en Norvége jusqu'à ces derniers temps; elles ont ordinairement des anneaux qui servaient à les suspendre à la paroi.

L'Edda fait déjà mention de coffres ou de bahuts »riches en parures». Nous ne pouvons naturellement nous attendre à trouver de ces coffres que les parties métalliques, telles que les garnitures, les serrures et les clefs. Plusieurs trouvailles de ce genre ont été faites en Suède.

Les clefs étaient portées par la mère de famille scandinave comme un symbole de son autorité dans l'intérieur de la maison. L'Edda raconte comment, lorsque Thor dut emprunter les habits de Freya pour recouvrer par la

---

[1] On trouva, il y a quelques années, dans un tumulus près de Mammen, dans le Jutland, »le corps d'un homme reposant sur des coussins remplis de plumes»; on conserve au Musée de Copenhague la fourre de l'un, confectionnée d'étoffe de laine, et une quantité d'édredon ou de plumes comprimées portant visiblement l'impression des jambes. On fit à peu près à la même époque une trouvaille similaire dans un tumulus norvégien.

ruse son marteau qui lui avait été enlevé par les géants,
»ils (les dieux) ornent Thor du lin (c.-à-d. de l'étoffe de
lin) et de la grande parure de Brising; des clefs réson-
nent à sa ceinture», etc.

Toutefois, on n'osait pas, en vue de l'insécurité de
l'époque, confier ses trésors d'or et d'argent à la faible
protection des bahuts et des serrures de ces temps-là.
Aussi les cachait-on souvent dans le sol près d'une pierre
ou d'une autre marque que le propriétaire seul connaissait. Comme à sa mort il emportait le plus souvent
son secret avec lui, la terre a gardé le trésor qui lui avait
été confié, et bien des trésors de ce genre ont été, après
un repos de nombre de siècles, ramenés accidentellement
à la lumière par la charrue ou par la pioche. Ces trésors,
dont la valeur est souvent considérable, sont ordinairement déposés dans une boîte en cuivre, dans une corne
ou dans tout autre réceptacle propre à ce but; chaque
année on en découvre plusieurs, et une grande quantité
en sont actuellement conservés au Musée National.[1]

---

[1] Des trésors pareils, datant dés derniers siècles de l'âge du fer, et
ne se composant à l'ordinaire que *d'argent*, ont été trouvés dans presque
toutes les parties de la Suède, mais principalement dans les provinces
autour du Mälar, en Scanie, dans l'île d'Öland et surtout dans celle de
Gotland. — On découvrit en 1872, dans la »terre noire» de l'île de Björkö
(Mälar), un trésor d'argent du poids de plus de 2 kilogrammes. Près de
l'ancien couvent de Roma (île de Gotland), on trouva en 1866 un vase
en cuivre contenant une foule de parures (voir p. 138) et de monnaies
d'argent, le tout pesant 4,25 kilogr., ainsi qu'un petit lingot d'or. La
plus grande trouvaille de cette espèce amenée au jour dans l'espace de
ces dernières années, fut faite en 1866, à Johannishus en Bleking. On
recueillit une boîte de cuivre contenant une foule de parures entières
ou brisées, etc., et plus de 4,000 monnaies d'argent, le tout pesant environ 6,4 kilogr. Un autre trésor d'argent, trouvé il y a plus d'une
trentaine d'années dans la paroisse de Rohne, île de Gotland, pesait 7,5
kilogrammes.

Pendant les longues soirées d'hiver, la chambre ou la salle était éclairée principalement par le feu du foyer, ou par les flambeaux ou torches (brandons) insérées dans la paroi et confectionnées de longs éclats de bois sec, fendus à l'un des bouts et riches en résine. A une époque où l'on ne passait pas ses soirées à lire ou à écrire, on ne ressentait pas non plus le besoin d'un meilleur système d'éclairage.

Les trouvailles d'une part, les sagas de l'autre, nous fournissent une idée assez complète des ustensiles qui se trouvaient dans les demeures de nos ancêtres pendant les derniers siècles de l'époque payenne. Une foule de vases de différents genres sont surtout parvenus jusqu'à nous. Les vases étaient en bronze ou en argile, ou encore en grès ou en fer (Ant. Suéd., ff. 650, 654—658). On a trouvé aussi des casseroles avec leur manche et des grils en fer.

Encore plus nombreux que les vases de cuisine, sont toutefois les vases à boire et les vases de table, la plupart en bois ou en terre cuite, quelques-uns en argent ou en verre. Les vases en argile n'ont jamais de couverte. Le Musée National possède un beau bol rond en argent (Ant. Suéd., f. 651), décoré d'entrelacements *(drakslingor)* qui témoignent de leur origine suédoise par leur parfaite identité avec ceux de pierres runiques. Le bol a été trouvé à Lilla Valla, île de Gotland, en compagnie d'une foule de monnaies d'argent allemandes et anglaises, dont les plus récentes ont été frappées pendant le 11:ème siècle.

Le vase à boire le plus commun était toutefois la corne, d'un emploi déjà général pendant le premier âge du fer, comme nous l'avons vu plus haut (p. 97). On conserve au Musée National une figurine en argent représentant une femme tendant d'une main une corne à boire

(f. 97). Les sagas nous apprennent qu'il était d'usage, au temps des vikings, que les filles de la maison présentassent les cornes aux hommes occupés à boire.

Pendant les repas, les tables étaient couvertes de nappes, du moins chez les gens riches, comme nous le voyons dans la description simple, mais vive, donnée, par le chant eddaïque du Rigsmål, de la visite du dieu Heimdal dans la demeure où naquit ensuite le père des jarls ou de la haute noblesse et des chefs du peuple.

97. *Pendeloque en argent. Öl. ¼.*

> Alors (la) Mère prit
> la nappe marquée
> de lin blanc
> et la mit sur la table.
> Puis elle prit
> les pains minces
> de froment blanc,
> et couvrit la nappe (c.-à-d. mit le couvert).
> Elle y plaça
> les plats remplis,
> montés en argent,
> avec du poisson et de la chair de porc
> et des oiseaux rôtis.
> Du vin était dans la kanne (le pot),
> et il y avait des coupes magnifiques.
> Ils burent et parlèrent
> jusqu'à la fin du jour.
> Etc.

Les plats (ou assiettes) sur lesquels on présentait la nourriture, étaient sans doute à l'ordinaire en bois et très-simples, quoique parfois, comme p. **ex.** dans la dernière

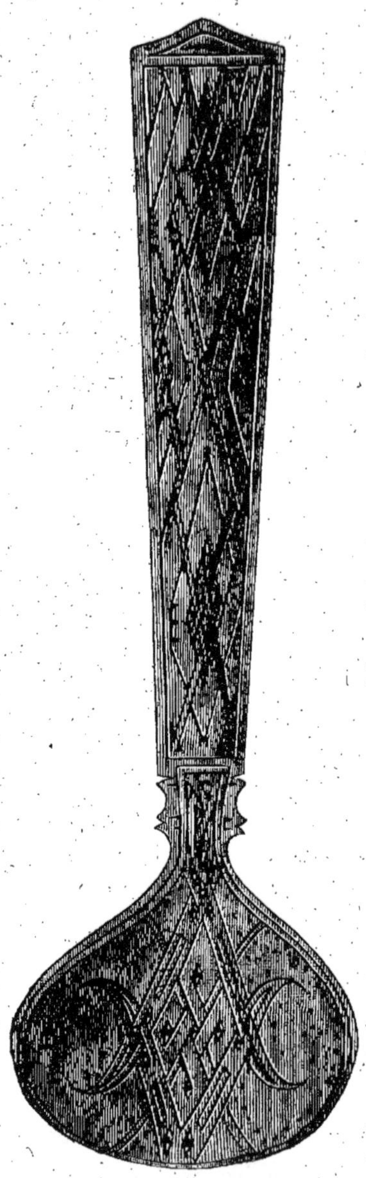

98. *Cuiller en corne d'élan. Upl.* ⅟₄.

strophe, il soit fait mention de vases en partie d'argent. On n'en a toutefois jamais découvert dans les trouvailles suédoises de la période des vikings. Les assiettes en étain étaient probablement encore totalement inconnues. La nourriture se coupait avec les couteaux que chacun portait à la ceinture. Les fourchettes sont une invention plus récente; les doigts en remplissaient les fonctions pendant l'époque payenne. Aussi avait-on coutume, dans le Nord comme dans la Grèce d'Homère, de se laver les mains avant et après les repas. Les cuillers étaient probablement de bois, de corne (f. 98) ou d'os; on n'a jamais rencontré de cuillers en argent dans les trouvailles suédoises des temps payens (voir cependant p. 97).

La manière de vivre était plus simple que de

nos jours. Cependant, on avait, outre les produits des champs et de la ferme, du gibier en abondance, et plusieurs trouvailles nous ont montré que les oies (p. 116) et les poules étaient déjà des oiseaux domestiques.

Snorre Sturleson raconte, à l'égard du roi Sigurd Syr du Ringerike en Norvége, le beau-père de saint Olof, que l'ordinaire de sa maison consistait tous les deux jours en poisson et en lait, et tous les deux jours en viande et en bière. — Une boisson plus précieuse était le *"mjöd"* ou hydromel, que l'on ne servait que dans les grandes occasions. Pour le rendre plus fort, on y ajoutait parfois certaines herbes. Le vin n'était pas inconnu, mais il paraît avoir été très-rare.

Les chants de l'Edda, les sagas et les trouvailles nous fournissent des données très-complètes sur le costume des Scandinaves dans la dernière partie de l'époque payenne. Il ne faut toutefois employer qu'avec la plus grande prudence les récits des sagas à cet égard. Comme elles n'ont été rédigées que quelques siècles après la fin du paganisme et à une époque où le costume avait déjà subi des modifications notables, il nous est difficile, dans beaucoup de cas, de décider si l'auteur de la saga a reproduit une tradition fidèlement conservée, ou s'il a vêtu ses héros d'une façon un peu plus moderne. Une infraction semblable au »costume historique» n'est heureusement pas à craindre dans les dessins contemporains et dans les trouvailles des tumulus de la période payenne.

Plusieurs trouvailles nous montrent que les Scandinaves de la période des vikings employaient, outre les peaux et les pelleteries, des étoffes de laine, de toile et de soie. Ces dernières étaient naturellement très-précieuses et fort rares. Nous lisons dans le Rigsmål que le Jarl nouveau-né fut enveloppé dans des langes de soie; et le tumulus déjà mentionné de Mammen en Jutland nous a fourni une ceinture et divers autres objets bien conservés, en soie brodée d'or et d'argent. A la même trouvaille appartient aussi un manteau en laine, avec des broderies représentant des figures humaines, des lions, une élégante guirlande de feuilles, etc. Il est toutefois impossible de décider si ces ouvrages d'apparat ont été confectionnés dans le Nord, ou si ce sont des produits étrangers.

Cependant, les étoffes ordinaires de laine et de toile étaient les produits de l'industrie domestique indigène, comme nous le prouvent entre autres les débris des instruments employés à leur confection, que fournissent souvent les trouvailles de cette période. Ainsi, l'on a trouvé parfois des peignes de lin et les poids au moyen desquels la chaîne était tendue au métier. On ne peut naturellement pas s'attendre à ce qu'autre chose que les parties en pierre et en métal des métiers etc. ait pu résister à la dent du temps; mais les fuseaux et les métiers de la forme antique conservés jusqu'aux temps historiques et même jusqu'à nos jours dans les localités écartées, montrent comment les femmes du Nord filaient et tissaient il y a dix siècles. Le rouet, qui souvent n'est plus, à l'heure actuelle, considéré dans les villes que comme le souvenir d'une industrie domestique de temps disparus, était probablement encore inconnu. On employait en leur place des fuseaux, comme vingt siècles auparavant en employaient les femmes grecques chantées par Homère, et comme en emploient encore de nos jours les femmes des localités les plus éloignées de la Dalécarlie. De petites fusaïoles en pierre, en argile, quelquefois même en ambre (Ant. Suéd., fig. 491 et 492), présentant une ressemblance parfaite avec celles des fuseaux modernes, se rencontrent souvent dans les trouvailles suédoises des siècles payens.

Pour servir à la description de l'industrie domestique et de la vie domestique des temps passés, et comme une preuve de la circonstance que les femmes des hautes classes de cette époque lointaine mettaient elles-mêmes la main aux travaux de la maison, nous nous permettons de citer une strophe du Rigsmål, où il est dit, des époux visités par Rig (le dieu Heimdal déguisé), et représentant la noblesse du pays:

> Là était le père de famille,
> cordait un cordon d'arc,
> pliait l'ormeau pour un arc
> et »taillait» des flèches;
> mais la femme de la maison
> pensait à ses bras,
> repassait du linge
> et empesait des manches.

Le costume des hommes se composait en général des mêmes parties que de nos jours: une chemise, des braies, des bas, des souliers, une tunique (»kjortel», jupon), retenue par une ceinture, et, sur le tout, une cape ou un manteau. La tête était couverte d'un bonnet ou d'un chapeau. La forme de ces divers effets d'habillement, brillant souvent de couleurs éclatantes, était sans doute aussi à peu près la même que de nos jours. La tunique ne paraît toutefois pas avoir été entièrement ouverte par devant comme nos redingotes modernes; elle ressemblait donc probablement assez à une longue blouse. Le manteau était ordinairement retenu par une fibule.

Ces données sont, il est vrai, empruntées aux sagas islandaises, mais la preuve qu'elles peuvent aussi s'appliquer à la Suède, est fournie entre autres par les reproductions de costumes suédois que l'on trouve sur plusieurs pierres runiques de la fin de l'époque payenne ou du commencement de l'époque chrétienne; ainsi, sur une pierre à Hunestad en Scanie, sur les deux côtés d'une pierre du cimetière de Leberg en Ostrogothie, sur une pierre actuellement murée dans l'église de Fernebo en Gestrikland, et sur quelques-unes des »pierres à images» avec inscriptions runiques, de l'île de Gotland. — Des données intéressantes sur le costume suédois de cette époque nous sont aussi fournies par les dessins remarquables gravés sur quatre plaques de bronze trouvées en 1870 dans un amas

99. *Plaque en bronze, à figures en relief. Öl.* ⅓.

de pierres à Björnhofda, île d'Öland, et conservées au Musée National (fig. 99; voir Ant. Suéd.; fig. 518—521).

Pour donner une idée plus vive du costume à l'époque dont nous nous occupons, j'emprunte à Snorre Sturleson la description suivante de celui que portait le roi Sigurd Syr du Ringerike (Norvége), pendant qu'il surveillait la moisson sur ses terres, l'automne de 1014, lorsque son beaufils Olof Haraldsson, peut-être mieux connu sous le nom de »saint Olof», vint lui faire visite: »Ainsi il est dit de ses vêtements (ceux de Sigurd)», raconte Snorre, »qu'il avait

une jupe (tunique) bleue et des braies bleues, des souliers élevés, liés autour des jambes, un manteau gris et
un chapeau gris, une visière sur la figure, et à la main

100. *Fibule ovale en bronze.* *Öl.* ¼.

un bâton dont le sommet était décoré d'un corbin en argent
doré, d'où pendait un anneau d'argent.» Afin de recevoir
dignement son beau-fils, il se hâta d'aller »se faire enlever
ses chaussures et ses braies, de se vêtir de bottes et de

braies de cordouan, et de s'attacher des éperons d'or; puis il se dépouilla de son manteau et de sa tunique, endossa des habits ornés de pelleteries, qu'il couvrit d'un manteau écarlate, se ceignit d'une épée décorée d'ornements, mit un casque doré sur sa tête, et monta sur son cheval, qui avait une selle dorée et une bride totalement dorée, avec des pierres fondues (des émaux).»

Le costume des femmes paraît avoir été très-ressemblant à celui qu'elles portent encore aujourd'hui dans les campagnes.

Une visite à notre Musée National, si riche en souvenirs précieux de la période des vikings, montrera mieux que des paroles la véracité des récits des sagas sur le luxe et la somptuosité que les Scandinaves, tant les hommes que les femmes, savaient déployer il y a un millier d'années. On y voit des broches et des fibules magnifiques en argent et en bronze, ces dernières souvent ornementées de plaques et de cordons en or ou en argent; des chaînes et des colliers en or, en argent et en bronze; de grandes et magnifiques perles en argent, verre, mosaïque de verre, cristal de roche, cornaline et ambre; des peignes en os, souvent d'un travail très-fin, etc. (fig. 100—112).

La valeur de ces nombreuses parures ne consiste pas uniquement en ce qu'elles nous montrent le luxe de nos ancêtres; elles sont encore plus importantes par la preuve qu'elles fournissent que ces ancêtres, ces »barbares» si redoutés des peuples de l'Europe méridionale, ne doivent pas être considérés seulement comme des guerriers farouches, mais qu'ils pratiquaient aussi avec succès les arts de la paix.

Il fut un temps où l'on disait que toutes les antiquités témoignant d'une certaine dextérité artistique, avaient dû

être apportées dans le pays comme dépouilles opimes par
les vikings. Les recherches scientifiques plus rassises de
notre époque ont toutefois démontré que la plupart des
ouvrages même les mieux travaillés sont des produits de
l'industrie artistique nationale. Nous avons même cause
de nous étonner de la petite quantité des objets trouvés

101. *Fibule ronde en
bronze, avec un anneau
pour une chaîne.
Ångermanl.* ¼.

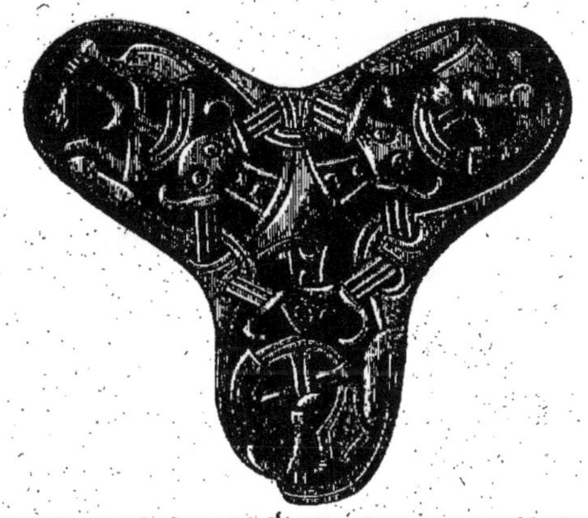

102. *Fibule trilobée en bronze. Småal.* ⅔.

103. *Fibule en bronze. Ångermanl.* ¾.

en Suède, que l'on peut considérer comme ayant été apportés
de l'Europe occidentale par les vikings. Si l'on en excepte
les monnaies allemandes et anglo-saxonnes du 10:ème siècle
et du commencement du 11:ème, il ne reste que bien peu
d'objets nous rappelant les nombreuses invasions en Angle-

104.   *Bracelet en argent massif. Gotl.* ⅓.

105.   *Bracelet en argent. Gotl.* ¼.

106.   *Pendeloque en argent. Gotl.* ¼.

108 112. *Perles en argent. Gotl.* ¼.

107.   *Pendeloque en argent. Gotl.* ¼.

terre, en France et dans d'autres régions occidentales pillées
par les Nordmans. L'explication de ce fait assez inattendu
doit être cherchée, sans doute, en partie dans la circonstance
qu'il ne nous est parvenu que fort peu des biens de nos
ancêtres, en partie dans celle qu'une quantité considérable
des métaux rapportés par »les rois de mer» retournant dans
leurs demeures, ont été retravaillés dans la suite des temps.
Ajoutons à cela qu'une foule de vikings restèrent dans les
pays étrangers, et que maint navire revenant au pays
sombra dans le voyage, ou fut pris, avec hommes et butin,
par un ennemi plus fort.

Les tumulus payens contiennent assez souvent une foule d'outils, tels qu'enclumes, marteaux
de forge et marteaux ordinaires,
tenailles (fig. 113 et 114), limes,
alênes, perçoirs, haches, couteaux,
fers de rabots, ciseaux et scies.
Les grandes enclumes étaient en
pierre, les petites en fer. Outre
plusieurs outils, nous voyons aussi
des soufflets représentés sur les
remarquables »sculptures de Sigurd» (Sigurdsristningar) en Sudermanie, auxquelles nous reviendrons
plus loin (fig. 127).

Un souvenir d'un forgeron
de cette époque nous a été fourni
par la trouvaille, actuellement

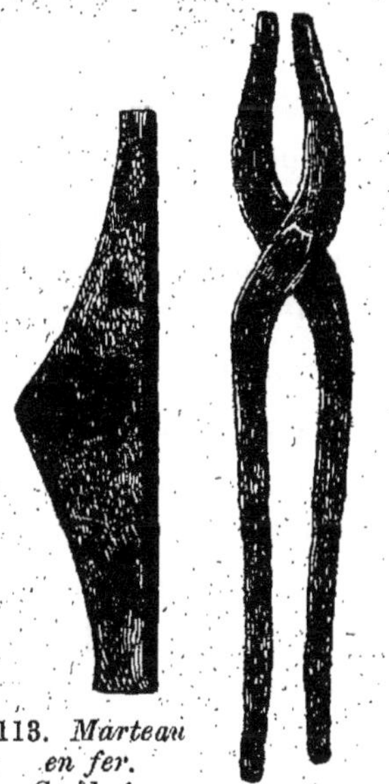

113. *Marteau
en fer.
Smål.* ⅓.

114. *Tenailles
en fer.
Suderm.* ⅓.

conservée au Musée National, faite en 1869 dans la paroisse d'Eke, île de Gotland. On y découvrit, en creu-
sant un fossé, une grande tenaille et deux grands poids

en fer, ainsi qu'un crochet très-fort, probablement pour une balance, deux petits moules en bronze pour y fondre ou y presser des ornements, trois petites fibules en bronze (= f. 101) encore réunies, fondues dans le même moule, et évidemment dans le même état qu'à leur sortie du moule; d'autres broches et des clefs en bronze et en fer, dont quelques-unes paraissent être usées et se trouvaient probablement là pour être réparées ou refondues, tandis que d'autres ne sont qu'à moitié achevées; on peut donc y voir, comme dans les trois fibules mentionnées ci-dessus, des échantillons de la dextérité artistique du forgeron qui avait enfoui ces objets pour une cause à nous inconnue. [1]

Le titre de »forgeron» était donné à cette époque à tout homme expert dans le travail des métaux. Les sagas mentionnent, il est vrai, les nains (*dvergar*) comme singulièrement habiles dans l'art de forger, mais elles montrent aussi qu'il existait des forgerons d'une nature plus humaine, et que ceux-ci jouissaient d'une grande réputation. On peut le voir déjà par la saga de Völund (le Wieland des Allemands), et par la circonstance que le Rigsmål nomme l'un des fils des paysans nés libres »Smed» (forgeron), nom que nous trouvons aussi sur quelques pierres runiques, comme p. ex. sur la pierre érigée près de l'église de Gårdby dans l'île d'Öland. En outre, les sagas islandaises font mention de plusieurs rois et d'autres hommes puissants qui forgeaient eux-mêmes leurs armes. Skallagrim, le

---

[1] Il peut être intéressant d'ajouter ici que la ferme sur les terres de laquelle ces objets furent trouvés, porte, dans le dialecte gotlandais, le nom de *Smiss* (cf. l'anglais *smith*), c.-à-d. la ferme du forgeron. Il se peut, sans doute, que ce soit un simple hasard, mais il est aussi possible que la ferme ait reçu son nom de la circonstance qu'elle fut habitée à l'époque payenne par un forgeron, ou peut-être par plusieurs forgerons, de père en fils.

père du célèbre Egil, et l'un des principaux Islandais de son temps, travaillait lui-même dans sa forge et »martelait le fer.»

On est parfois trop disposé à attribuer à nos ancêtres un amour, primant toute autre chose, pour les aventures attrayantes et le butin facilement gagné des courses maritimes, et l'on se figure volontiers qu'ils méprisaient totalement les occupations de la vie pacifique, les abandonnant aux serfs, qui étaient indignes de prendre part au rude jeu des armes. Cette manière de voir est en contradiction flagrante avec ce que nous savons de la vie de nos ancêtres au temps des vikings. Nous n'avons qu'à citer pour preuve la description donnée par l'Edda des occupations du fils du paysan libre:

Il apprit maintenant et à bâtir des granges,
à dompter les boeufs à faire des cardes
et à fabriquer des araires, et à diriger la charrue
à charpenter (construire) des etc.
    maisons

Et Snorre raconte du roi Sigurd Syr de Ringerike, déjà mentionné, que le message de l'arrivée inattendue d'Olof trouva le roi dans un champ, où il avait »beaucoup de serviteurs, dont quelques-uns coupaient l'orge, d'autres la transportaient aux meules ou dans les granges. Le roi et deux hommes avec lui allaient tantôt dans le champ, tantôt dans les lieux où l'on mettait la graine.» Cela montre comment le travail était tenu en honneur.

Aux industries les plus importantes appartenaient alors, comme de nos jours, l'élevage du bétail et l'agriculture. Depuis longtemps déjà, depuis près de 2000 ans avant la clôture des temps payens, la Suède possédait, comme nous l'avons vu, presque tous nos animaux domestiques les plus importants, le chien, le cheval, le boeuf, le mouton, la chèvre et le porc. J'ai déjà signalé qu'en fait de volailles, on avait la poule et l'oie.

L'apiculture avait une certaine importance, principalement parce qu'il fallait beaucoup de miel pour le *mjöd* ou hydromel. Le Vermland est particulièrement célébré pour sa richesse en abeilles. On a trouvé, dans une sépulture gotlandaise de la fin de l'époque payenne, une élégante fibule, actuellement conservée au Musée National. Elle est en bronze doré, et contient encore un morceau de *cire*, teint en verd par l'oxidation du bronze. — Après l'introduction du christianisme, l'apiculture devint encore plus importante, car il fallait fournir des cierges aux églises.

La céréale la plus commune était l'orge, mais l'on cultivait aussi l'avoine, le seigle et un peu de froment. Une strophe du Rigsmål citée plus haut, mentionne les »pains minces (galettes) blancs de froment».

Les années de disette et les famines étaient assez fréquentes, et le seul remède qu'on leur opposait était des offrandes plus riches aux dieux irrités. Si rien n'y faisait, on avait recours aux sacrifices humains, et nous nous rappelons ce récit de l'ancienne saga, où il est dit que les Svears (les Suédois d'alors), après plusieurs mauvaises années consécutives, sacrifièrent leur roi aux dieux, qui paraissaient ne pas vouloir être appaisés par une moindre victime.

Il ne nous a naturellement pas été conservé beaucoup d'outils agricoles de cette époque. On a cependant trouvé parfois, outre des haches, des fers de charrue, des faucilles (fig. 115) et des faux.

La graine était battue avec des fléaux et moulue, du moins dans la règle, au moyen de moulins à bras, travail qui, suivant la saga de Fjolner, était réservé aux femmes esclaves.

Les plus anciens moulins consistaient en un bloc de pierre avec un grand évidement ovale, dans lequel la graine était écrasée à la main au moyen d'une pierre ronde. On rencontre souvent de ces moulins primitifs, qui paraissent avoir été employés jusqu'à une époque récente dans les localités écartées. Mais l'un des chants de l'Edda, celui de Helge Hundingsbane (meurtrier d'Hunding), semble indiquer que l'on connaissait déjà des moulins à bras d'une con- struction moins élémentaire. [1]

Il y est raconté que Helge, pour échapper à ses ennemis, doit se déguiser en femme esclave et se mettre à moudre. Il le fait avec une vigueur telle, que »les pierres se brisent et la caisse vole en éclats», ce qui fait dire à l'un des ennemis:

Mieux convient

à ces mains

la poignée de l'épée

que le manche du moulin.

115. *Faucille en fer. Ostrog.* ⅓.

Nous savons peu de choses du jardinage et de l'horti- culture de ces temps-là; ils ne paraissent pas, en tout cas,

---

[1] Les moulins à eau étaient déjà connus des Romains au temps de l'empire; mais il est difficile de décider positivement s'ils le furent dans le Nord avant l'introduction du christianisme. Il sont déjà men- tionnés dans nos plus anciens actes sur parchemin, mais ces actes sont de deux siècles plus récents que la clôture définitive de l'époque payenne. — Les moulins à vent sont probablement une invention encore un peu plus récente; c'est, autant que nous le sachions, vers 1330 qu'il en est fait pour la première fois mention en Suède.

avoir été singulièrement développés. Cet art ne prit sans doute son développement proprement dit que pendant le moyen-âge, au dedans des murs paisibles des couvents. Cependant, la saga des pommes d'Iduna (la déesse de la jeunesse) montre que ce fruit n'était pas totalement inconnu. Et dans l'un des chants de l'Edda, Skirnir, le serviteur du dieu Frö, dit à Gerd, la fille des géants:

Onze pommes
j'ai ici, toutes en or;
je veux te les donner
pour acheter tes faveurs,
si à Frö
tu promets ton amour.

Il est en outre souvent parlé de noisettes, de même que de coudraies sous lesquelles les femmes avaient coutume de se divertir l'été, pendant que les hommes étaient à la chasse.

La chasse et les jeux en plein air constituaient le principal plaisir des hommes. D'un besoin qu'elle était dans le principe pour se procurer la nourriture nécessaire, la chasse devint bientôt un plaisir, poursuivi avec empressement à une époque où l'on cherchait le danger et où l'on aimait les exercices virils.

La chasse au faucon n'était pas inconnue, et le Nord était déjà à cette époque, comme pendant le moyen-âge, célèbre pour ses faucons de chasse. Snorre raconte, du roi Olof Skötkonung, qu'il sortit un jour de bonne heure à cheval avec ses »éperviers» et ses chiens, et avec lui ses hommes. Quant ils lancèrent les éperviers, celui du roi tua au premier vol deux coqs des bois et immédiatement après, au second vol, trois autres coqs. Les chiens ramassaient les oiseaux à mesure qu'ils tombaient. Le roi revint chez lui, joyeux de sa chasse. Dans la cour, il trouva sa fille venue à sa rencontre. Il lui raconta sa chasse et lui dit: »Connais-tu un roi qui ait pris tant de gibier en si peu de temps»? Elle répondit: »C'est une bonne chasse matinale, seigneur, que d'avoir tué cinq coqs des bois; mais ce fut encore une meilleure chasse quand Olof (saint Olof) roi de Norvége prit en un matin cinq rois et s'empara de leurs royaumes.»

Parmi les jeux en plein air, le jeu du mail (*bollspelet*) paraît être un héritage des temps payens. Pour jeter la paume et pour d'autres exercices fortifiants, la jeunesse de tous les environs se rassemblait sans doute parfois dans des champs de jeu spéciaux, comme cela a été p. ex. le cas dans l'île de Gotland jusqu'à nos jours.

En fait d'instruments de musique, il est fait mention de la trompe (*lur*), du cornet (*horn*), du fifre (*pipa*), du violon (*fidla*), du rebecque (*giga*) et surtout de la harpe (*harpa*), l'un des instruments les plus nobles et les plus estimés. Snorre raconte d'Olof Skötkonung que, quand les mets avaient été apportés sur la table du roi, des joueurs faisaient leur apparition avec »des harpes, des rebecques et d'autres instruments.» — Les scaldes improvisaient à l'ordinaire leurs chants aux sons de la harpe. On voyait souvent des scaldes, parfois de l'Islande, à la cour des rois de Suède. Ainsi, l'on raconte que quand, envoyé à titre d'ambassadeur par saint Olof chez Olof Skötkonung, l'islandais Hjalte arriva à la cour de ce roi, il y trouva deux de ses compatriotes, les scaldes Gissur et Ottar. Une preuve que l'ancien art poétique n'était pas inconnu en Suède, nous est fournie au reste par les inscriptions runiques en vers que nous possédons encore, comme p. ex. sur une pierre à Karlevi dans l'île d'Öland.

Comme les trouvailles funéraires nous l'ont montré, les jeux avec des dés n'étaient pas inconnus pendant la première partie de l'âge du fer (p. 98). On rencontre de même assez fréquemment des dés et des dames dans les tombeaux de la dernière partie de cet âge.

Le jeu des échecs était probablement déjà connu dans le Nord pendant la période payenne. On a cru pouvoir admettre que ce jeu favori est parvenu de l'Asie dans nos contrées par la voie de Byzance, dès le 8:ème ou le 9:ème siècle, sinon même plus tôt. Charlemagne fit, dit-on, présent d'un jeu d'échecs précieux au trésor du couvent de Saint-Denis. On possède en outre le récit d'un jeu pareil complet qu'on aurait découvert en 1750 dans un tumulus du Hedemark (Norvége); les pièces, qui avaient été trouvées dans une étoffe de soie, n'ont malheureusement pas été conservées. Rappelons aussi la célèbre partie d'échecs jouée, en 1017, à Roeskilde (Danemark), entre le roi Canut le Grand et son beau-frère le jarl Ulf, et qui se termina par l'assassinat du jarl le jour suivant, dans le choeur de l'église de saint Lucius.

Plus aimé que la chasse et le jeu, était toutefois le choc violent des armes. Suivant les idées de l'habitant du Nord, les jouissances du Valhall, le paradis des Scandinaves, devaient consister en des luttes quotidiennes et puissantes, à la fin desquelles les combattants, tant les vaincus que les vainqueurs, se réunissaient tous les soirs en un joyeux banquet dans le palais d'Odin.

Les sagas et les chants antiques fourmillent d'histoires de combats et de hauts faits propres à entourer le nom du héros d'une gloire immortelle. Nous ne pouvons pas nous arrêter ici à la description de ces faits d'armes, mais nous considérerons un instant les armes qui rendirent jadis nos ancêtres si formidables. De nombreuses trouvailles et les récits multiples des sagas nous fournirent sur ces objets des données infiniment plus complètes que sur une foule d'autres.

Les armes défensives mentionnées dans les sagas, sont la cotte de mailles, le casque et le bouclier. Nous avons vu (p. 88) que des cottes de mailles artistiquement travaillées de fins anneaux en fer sont déjà connues du premier âge du fer. En outre, la fameuse »tapisserie de Bayeux», du temps de Guillaume le Conquérant, nous montre des cottes semblables portées par les chevaliers normands à la bataille de Hastings en 1066. Et, d'après le Grimnismâl, l'un des chants de l'Edda, les bancs de la salle d'Odin étaient recouverts de cottes de mailles. Outre

116. *Hache d'armes en fer. Upl.* ⅓.

ces cottes de mailles en fer, les sagas scandinaves font mention de cuirasses en peau, en toile épaisse, etc.

Le casque d'Ultuna mentionné à la page 116, est le seul casque de l'âge du fer que l'on ait trouvé jusqu'ici en Suède. Les plaques de bronze de Thorslunda (fig. 99) nous montrent des casques d'une autre forme, ornés de figures d'animaux.

Les umbons de boucliers ne sont pas rares dans les sépultures suédoises de l'âge du fer. Les boucliers mêmes, qui étaient de bois, de peau, ou d'autres matières peu durables, sont détruits, comme on le comprend sans peine.

117. *Poignée d'épée en fer, incrustée d'argent. Upl. ½.*

Le fait qu'ils étaient ronds, est prouvé par les périphrases poétiques de »roue du combat» ou »anneau du combat», par lesquelles les scaldes les désignaient. On conserve au reste, au Musée de Kristiania, un antique bouclier rond, en bois, avec d'élégantes garnitures de fer, et une inscription runique autour de l'umbon. Le Musée de Copenhague possède aussi un bouclier rond pareil avec de magnifiques garnitures en fer, mais sans runes. Ils apartiennent tous les deux aux premiers siècles du moyen-âge.

Les armes offensives étaient l'épée, la lance, la hache, la masse d'armes et l'arc avec ses flèches. Le métal principal était le fer ou plutôt l'acier, souvent orné d'incrustations en or ou en argent. La poignée de l'épée, assez souvent artistiquement incrustée d'argent (f. 117), n'était faite que pour une main; la garde en est courte.

Les autres armes ressemblent en général à celles de la première partie de l'âge du fer.

L'architecture navale scandinave présentait un développement supérieur, peut-être, à celui de la même architecture dans la plupart des pays chrétiens, et la richesse des

118. *Navire représenté sur une pierre runique, à Tjängvide, Gotland.*

pays du Nord en fait de navires doit avoir été considérable. Des flottes de 600 à 700 voiles sont mentionnées à plusieurs reprises. Snorre raconte même que, pour son attaque de la Norvége, le roi de Danemark Canut le Grand avait réuni une *armada* de »douze cents navires» (c.-à.-d. 1,440 voiles, vu que l'on comptait le cent à dix douzaines).

Les navires marchaient tant à la voile qu'à la rame. Chaque navire n'avait qu'un mât et une voile. (f. 118).

Les voiles, ressemblant principalement à nos voiles carrées, étaient à l'ordinaire d'une espèce de tirtaine (*vadmal*), parfois orné de raies bleues, rouges et vertes. Le nombre des rames était souvent considérable, et la grandeur des navires de guerre était indiquée par le nombre des bancs des rameurs. Le »Grand Serpent» (*Ormen långe*), le célèbre navire d'Olof Tryggvason, avait 34 paires de rames, et près de 1,000 hommes d'équipage; la longueur de la quille comportait 44 mètres. Canut le Grand possédait un »dragon» de

119. *Navire normand du 11:ème siècle, de la »tapisserie de Bayeux.»*

60 paires de rames. Dans la règle, toutes les rames étaient sur une ligne; mais Erling Skacke de Norvége fit construire, dans le 12:ème siècle, des navires avec deux rangées de rames superposées. — Comme dans les navires du premier âge du fer (p. 100), le gouvernail n'était pas placé sur la ligne médiane, mais sur le flanc droit, près de la poupe.

Ordinairement les navires étaient peints et la muraille ornée d'une rangée de boucliers, comme on le voit p. ex. sur la fig. 119. L'avant se terminait souvent en une tête de dragon dorée, et la poupe recevait parfois la forme d'une queue de dragon, d'où vint cette dénomination de

»*drakar*», dragons, généralement donnée aux navires de guerre. Parfois on voit des navires représentés avec une tête de dragon tant à l'avant qu'à l'arrière, ou l'avant orné d'une tête d'homme dorée et même parfois aussi d'une tête de boeuf. Le roi saint Olof avait sculpté de ses propres mains une tête d'homme pour le gallion de son navire »Karlshöfde» (cf. la fig. 119).

A la bataille de Svolder (l'an 1000), Erik jarl avait un navire du nom de »Barde» (le »Bardé»), parce que l'étrave était bardée de tôles ou de plaques de fer jusqu'à la ligne de flottaison, et armée au sommet d'une »barbe», se composant probablement de pointes de fer saillantes.

Avant le combat, on avait coutume de lier les unes aux autres les proues, qu'occupaient les principaux guerriers, de sorte que chaque ligne formait un tout continu, où l'on pouvait combattre presque comme sur terre. Quand les navires étaient à l'ancre, surtout la nuit, le pont en était ordinairement recouvert d'une tente.

Il ne faut pas croire, cependant, que toutes les relations entre le Nord scandinave et le reste de l'Europe fussent invariablement hostiles à cette époque. Le commerce pacifique avait une importance que l'on n'est que trop porté à apprécier au-dessous de sa valeur.

Par sa situation, la Suède se trouvait sans doute, à une période où presque toutes nos côtes de l'ouest étaient danoises ou norvégiennes, principalement appelée au commerce avec les rives orientales et méridionales de la Baltique. De nombreuses circonstances nous montrent toutefois que le Svithiod de ces temps-là entretenait des relations tant guerrières que pacifiques avec les pays de l'Europe occidentale et principalement les Iles Britanniques. La Gestricie, l'Upland, le Vestmanland, la Sudermanie, l'Ostrogothie et le Småland possèdent une quantité de pierres runiques élevées à la mémoire d'hommes qui ont visité l'Angleterre. On voit, dans la muraille de l'église du vieil Upsal, une pierre runique que Sigvid »navigateur en Angleterre» (*Englandsfarare*) fit graver en mémoire de son père. Sigvid était donc heureusement revenu de son voyage. A l'égard d'autres navigateurs, il est dit par contre expressément qu'ils sont morts en Angleterre. A Kolstad, dans la paroisse de Häggeby en Upland, se trouve une pierre runique gravée par deux fils à la mémoire de leur père qui »était assis (se trouvait) à l'Ouest dans les rangs des Thingar» (*satt vesterut i thingaliden*), expression par laquelle il faut

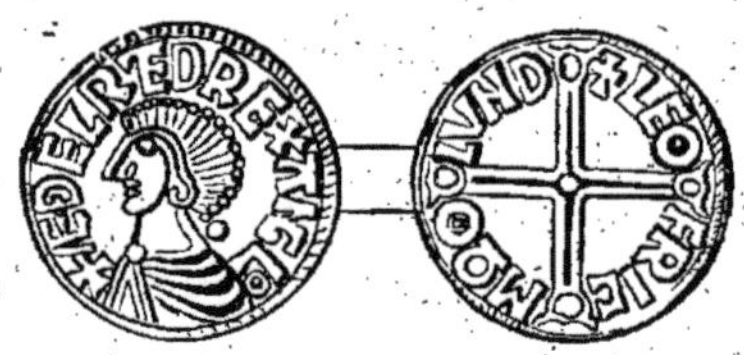
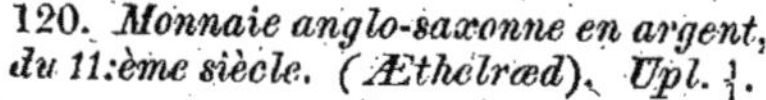

120. *Monnaie anglo-saxonne en argent, du 11:ème siècle. (Æthelræd). Upl.* ¼.

121. *Monnaie suédoise en argent, du 11:ème siècle. (Olof Skötkonung).* ¼.

entendre sans doute le commencement d'armée permanente créé en Angleterre par Canut le Grand. Une autre pierre runique, à Rösås en Småland, est élevée à la mémoire d'un Gunnar, »déposé dans un cercueil de pierre à Bath en Angleterre.»

D'autres souvenirs d'expéditions sur les côtes de l'Europe occidentale et du commerce avec l'Angleterre, nous sont fournis par la foule de monnaies anglo-saxonnes des 10:ème et 11:ème siècles que l'on exhume chaque année du sol de la Suède [1]. Si même la plupart des monnaies

---

[1] On connaît spécialement plus de 16,000 de ces monnaies trouvées en Suède, toutes en argent; à ce nombre il faut ajouter la masse des

(fig. 120) frappées sous le règne du malheureux roi Aethelræd (mort en 1016) sont, comme il est probable, dues aux incursions des Vikings, cela ne peut guère être admis, par contre, des monnaies, nombreuses aussi chez nous, qui portent les noms des rois dano-anglais Canut le Grand et Harthacanut, et qui ont été frappées en Angleterre. Même la plupart des monnaies d'Aethelræd doivent être arrivées par le commerce dans les localités où on les rencontre *actuellement*. Elles sont relativement très-rares dans les régions occidentales de la Scandinavie, dont les habitants étaient cependant les plus adonnés aux incursions de pillage en Angleterre, tandis que les régions côtières orientales de la Suède, et surtout Gotland, présentent une richesse inattendue dans ce genre de trouvailles.

Une preuve de l'influence que l'Angleterre exerçait à cette époque sur la Suède, nous est fournie par la circonstance que les monnaies d'Olof Skötkonung (f. 121), les plus anciennes monnaies suédoises connues, furent non-seulement frappées en parfaite conformité avec les monnaies anglaises contemporaines, mais encore que des maîtres-monnayeurs avaient été appelés d'Angleterre à cet effet.

L'Angleterre a cependant exercé à cette époque une influence encore plus importante sur notre patrie, par ses nombreux missionnaires qui contribuèrent si vigoureusement à la victoire du christianisme en Suède.

Mais, quoique l'on ne puisse par conséquent passer sous silence les communications importantes qui avaient lieu entre la Suède et l'Europe occidentale, on comprendra sans peine que les principales relations de notre pays à cette époque,

---

mêmes monnaies trouvées chez nous à des époques antérieures et dont le nombre n'est pas connu.

comme pendant bien des siècles postérieurs, eurent leur
direction principale vers l'est et vers le sud.

Les pierres runiques nous en fournissent de même ici
la preuve éloquente. Plusieurs conservent le souvenir
d'hommes qui ont voyagé sur le »chemin de l'est» (*i
österväg*), d'autres mentionnent d'une manière plus précise
des courses et des voyages en Finlande, Tavastland (partie
de la Finlande), Esthonie, Livonie, Semgallen (la partie
orientale de la Courlande jusqu'à la Dvina), et à Holm-
gård (le Novogorod actuel). Une foule de pierres runiques de l'Upland, de la Sudermanie et de l'Ostrogothie
parlent d'hommes qui ont accompagné »Ingvar» dans son
voyage vers l'est.

Plusieurs inscriptions runiques signalent des Suédois
qui ont continué leur route vers l'est et vers le sud, jusqu'en Grèce, où plusieurs de leurs compatriotes étaient
entrés dans les rangs des *varègres* [1].

Une pierre runique de la paroisse d'Ytter-Sela, en Sudermanie, est élevée par Sirid à son époux Sven, qui »souvent
cinglait avec des navires précieux au Semgallen autour de
(c.-à-d. en doublant) Tumisnis.» »Tumisnis» est le Dumes-
ness actuel, la pointe la plus septentrionale de la Courlande, à l'entrée du golfe de Riga.

L'évêque Adam de Brème parlant de la ville de Birka
(sur une île du Mälar) célèbre par son commerce pendant
l'époque payenne, dit que »des Danois, des Norvégiens, des
Slaves, des Sembes (du Semgallen) et d'autres peuples
scythes avaient coutume de s'y rendre avec leurs navires.»

L'existence d'un commerce considérable avec l'Orient
nous est démontrée par l'étonnante quantité de monnaies

---

[1] Suéd.: *Väringar* (cf. allem. *Wehr*). Garde du corps des empereurs
de Byzance, principalement composée de Scandinaves ou de Germains.

arabes (f. 122) et de parures d'argent orientales qu'a fournies le sol de la Suède. On connaît actuellement plus de 20,000 monnaies arabes trouvées chez nous, la plupart frappées pendant le 9:ème et le 10:ème siècle. Le nombre encore plus grand de monnaies allemandes (f. 123), bohémiennes, etc., trouvées dans les mêmes circonstances, est un souvenir de nos relations avec le sud. La plus grande partie appartiennent à la seconde moitié du 10:ème siècle; toutes sont en argent.

Les objets importés étaient probablement, sans compter les métaux

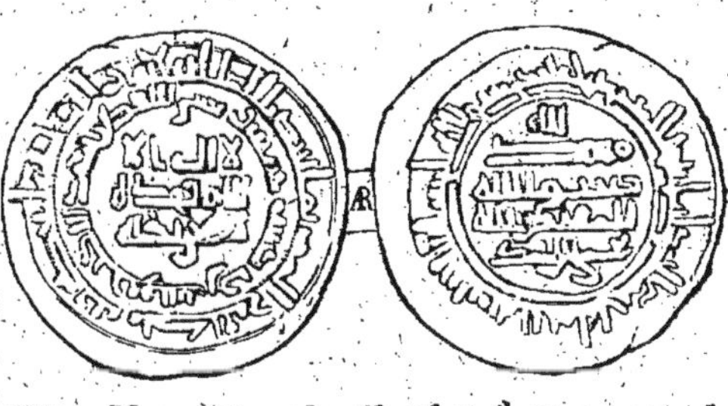

122. *Monnaie arabe (koufique) en argent, de l'an 903. Gotl. ¼.*

précieux sous forme de lingots ou de barres, de monnaies et de parures, du cuivre ou plutôt du bronze, des lames d'épée damasquinées et d'autres armes de haut prix, des étoffes fines, du vin, et peut-être aussi des céréales dans les mauvaises années.

Les marchandises expor-

123. *Monnaie allemande en argent.*[1] *Gotl. ¼.*

-tées de la Suède consistaient sans nul doute en pelleteries précieuses, en chevaux (les chevaux suédois étaient célèbres), en esclaves et peut-être aussi en poisson, etc.

---

[1] Cette monnaie, qui date de l'une des années 991–995, a été frappée pour l'empereur Othon III, dont le nom se lit entre les bras de la croix. L'envers porte le nom de sa grand-mère et tutrice Athalhet (Adelheid).

Le commerce était à coup sûr principalement un commerce d'échange; l'appoint et le payement se liquidaient dans la règle avec de l'or ou de l'argent *au poids*. On a trouvé plusieurs fois en Suède des balances et des poids de cette époque. Les balances, ordinairement en bronze, ressemblent presque toujours à nos balances actuelles, avec cette différence que la balance même pouvait se plier en trois et se mettre dans les deux bassins ronds et ventrus (Ant. Suéd., fig. 642). Il était possible de la sorte de l'emporter avec soi, sans qu'elle fût exposée à se rompre.

L'argent employé comme moyen de payement était, à l'instar de l'or à une époque plus ancienne (p. 111), souvent étiré en barres fines disposées en spirales [1]. Une spirale semblable était commode à manier, et se pouvait débiter sans peine en morceaux de la grandeur voulue. — Le Musée National possède deux de ces spirales, que l'on peut considérer en quelque sorte comme de la fausse-monnaie; elles se composent de cuivre entouré d'une mince couche d'argent. Cela rappelle à la mémoire l'anneau d'or enlevé par le roi Olof Tryggvason de la porte du temple de Lade (Norvége) et donné plus tard par lui comme un objet très-précieux à la reine Sigrid Storråda: »Chacun louait l'anneau», dit Snorre, »mais deux frères, qui étaient les forgerons de la reine, le prirent, le pesèrent dans la main, et se parlèrent bas l'un à l'autre. A la demande de la reine, pourquoi ils faisaient ainsi, ils répondirent qu'il y avait de la fraude dans l'anneau, et comme elle le fit rompre, on trouva du cuivre dedans.»

Dans les temps anciens, les voyages se faisaient en Suède autant que possible sur l'eau, vu que les chemins

---

[1] Il arrive souvent encore de nos jours que l'or non monnayé circulant dans le commerce, est travaillé en spirales de ce genre.

par terre, s'il en existait au reste, devaient être généralement dans un fort mauvais état. Après l'introduction du christianisme, ces derniers devinrent toutefois l'objet d'une plus grande attention, comme en portent témoignage, entre autres preuves, les nombreuses inscriptions runiques faisant mention de survivants qui ont construit des ponts et des chemins pour l'âme d'un père, d'un époux ou d'un fils défunt.

Sur une pierre runique de l'île de Gotland est figurée une voiture à quatre roues, et dans des tumulus suédois et danois de la fin de l'âge du fer, on a trouvé, outre des

124. *Ornement en bronze doré autour de la partie inférieure d'une coupe à boire en bois. Gotl.* ⅔.

mors, des éperons, des étriers et des fers de cheval (Ant. Suéd.. f. 523—525), des restes de harnais en bronze doré, parfois d'une élégance et d'une richesse inattendues, et décorés avec un goût réel dans un style particulier au Nord scandinave.

Nos ancêtres s'étaient formé une ornementation indépendante, dont le motif principal, tiré des enlacements et des anneaux du serpent, s'était développé successivement dans les magnifiques »entrelacements de dragon» (*drakslingor*) bien connus de nos pierres runiques (f. 132) et des églises en bois de la première partie du moyen-âge. On trouve d'élégants échantillons de l'ornementation précitée sur une foule d'ouvrages en métal de la période des vikings, tels que parures d'or et d'argent, vases en argent, fibules en bronze, poignées d'épée en bronze doré, garnitures de bronze pour les gaînes d'épées, etc.

C'est l'île de Gotland qui nous a fourni les souvenirs les plus abondants de cet art décoratif (f. 124). Les trouvailles gotlandaises des derniers siècles du paganisme se distinguent en général par leur richesse et par leur nombre

125. *Fibule ronde en bronze.* *Gotl.* ¼.

considérable d'antiquités particulières à cette île (voir, p. ex., les fig. 125 et 126), que l'on ne retrouve nulle part ailleurs dans le Nord, et qui se sont développées, dans l'île susdite, des types communs dans la première partie de l'âge du fer.

Le temple le plus illustre des Svéars était celui du vieil Upsal,[1] entouré de son lugubre bois sacré et de ses tertres funéraires, parmi lesquels les trois immenses »tumulus royaux» sont encore aujourd'hui célèbres dans le Nord.[2]

---

[1] Le vieil Upsal est situé à quelques kilomètres de la ville actuelle.

[2] Chacun de ces trois tumulus, placés sur une colline de sable, mesure plus de 66 m. de diamètre. Celui situé le plus à l'est, nommé à une époque plus récente le »tumulus d'Odin» (*Odens hög*), fut exploré pendant les années 1846 et 1847. On y ouvrit, de la périphérie vers le centre, une galerie horizontale de 1.5 m. de largeur sur une hauteur de 2.2 m. La galerie fut revêtue de bois et tenue ouverte jusqu'en 1858, époque à laquelle elle commença à s'affaisser; on dut la combler en 1860. Le tumulus, dont la partie inférieure est formée par la nature, mais qui, au reste, est dû au travail de l'homme, se compose principalement de sable; au milieu se trouve un amas de cailloux,

Des statues de Thor, d'Odin et de Frigg paraissent avoir orné ce temple.

L'histoire de Snorre Sturleson nous montre que l'art payen scandinave s'essaya effectivement à reproduire les dieux Ases sous la forme de figures humaines. Il nous raconte qu'Olof Tryggvason, voulant forcer les Norvégiens à se convertir au christianisme, entra dans un »*hof*» (temple) de la contrée de Trondhjem. »Quand le roi vint à l'endroit où étaient les dieux, il y trouva Thor assis; c'était le plus honoré de tous les dieux, et il était orné d'or et d'argent. Le roi leva une canne montée en or, et frappa Thor de telle sorte qu'il tomba de son piédestal. Là-dessus,

126. *Fibule en bronze. Gotl.* ¼.

ou une espèce de cairn, de 15 m. de diamètre. Une partie de ces pierres recouvraient les restes du bûcher sur lequel le corps avait été brûlé; au centre et au fond du cairn, on trouva une couche très-dure (de 1.8 m. de diamètre), composée de cendres, de charbon et d'ossements brûlés. A 7.5 cm. au-dessous, on rencontra sous cette couche une simple urne en terre cuite, enlitée dans le sable et recouverte d'une mince dalle de pierre, dans un cercle de grands cailloux destinés à la protéger contre le double poids du cairn et du tumulus. L'urne, de 15 cm. de hauteur sur une largeur de 18 cm., était remplie jusqu'au bord d'ossements brûlés. On y trouva en outre, de même que dans la grande couche d'os, les restes de plusieurs ornements en bronze fortement endommagés par le feu, des perles de verre, des peignes et des dames de jeu en os, des rivets en fer, et deux fragments de parures d'or, avec des filigranes d'une finesse extraordinaire. — L'intérieur du tumulus situé le plus à l'ouest, fouillé en 1874, était à peu près identique, si ce n'est que les ossements brûlés n'avaient pas été déposés dans une urne. Les deux tumulus paraissent appartenir à la période moyenne de l'âge du fer, ou au commencement de la dernière période.

les hommes du roi accoururent et renversèrent tous les dieux de leurs piédestaux.» La saga de saint Olof contient la description d'une image de Thor dans un temple de la haute Norvége: »Il tient un marteau à la main; il est grand de taille et creux à l'intérieur; sous lui est un piédestal sur lequel il est debout, quand on le sort. Le dieu ne manque ni d'or ni d'argent sur sa personne. On lui donne chaque jour quatre galettes de pain et de la viande.» Quand l'image fut brisée, il en sortit »des rats gros comme des chats, des lézards et des serpents»; qui s'étaient engraissés de la nourriture du dieu.

Il n'existait toutefois pas des temples dans tous les lieux de sacrifice, car, dans bien des localités, c'était en plein air, dans un bois sacré ou près d'une source sacrée, que les Suédois payens célébraient leur culte. [1] Nous pouvons encore aujourd'hui, même si nous ne voulons pas écouter la tradition, énumérer un grand nombre de lieux où nos ancêtres ont jadis fait couler le sang sur les autels des dieux Ases. Telles sont les localités dont les noms contiennent les mots *Hof, Harg* ou *Vi*. [2] Souvent le nom indique le dieu auquel l'endroit était consacré. Nous citerons comme exemples: Odensvi en Vestmanland et en Småland, Odensala en Upland, Thorsharg (la ville actuelle de Thorshälla) en Sudermanie, Thorslunda en Upland et dans l'île d'Öland (v. p. 105), Frövi en Vestmanland, Frötuna en Upland, Skedevi (Skades vi) dans les pro-

---

[1] Diverses raisons permettent de voir des places de sacrifice dans plusieurs des »cercles de juges» *(domare-ringar)* ou »siéges de juges» *(domare-säten)*, enceintes formées de grandes pierres placées à quelque distance les unes des autres. Le nombre des pierres d'un cercle pareil est souvent de *neuf*.

[2] Le mot *Hof* correspondait, à l'époque payenne, au plus près à notre »temple» actuel; *Harg* signifiait un »autel», et *Vi* un »sanctuaire», un »lieu saint».

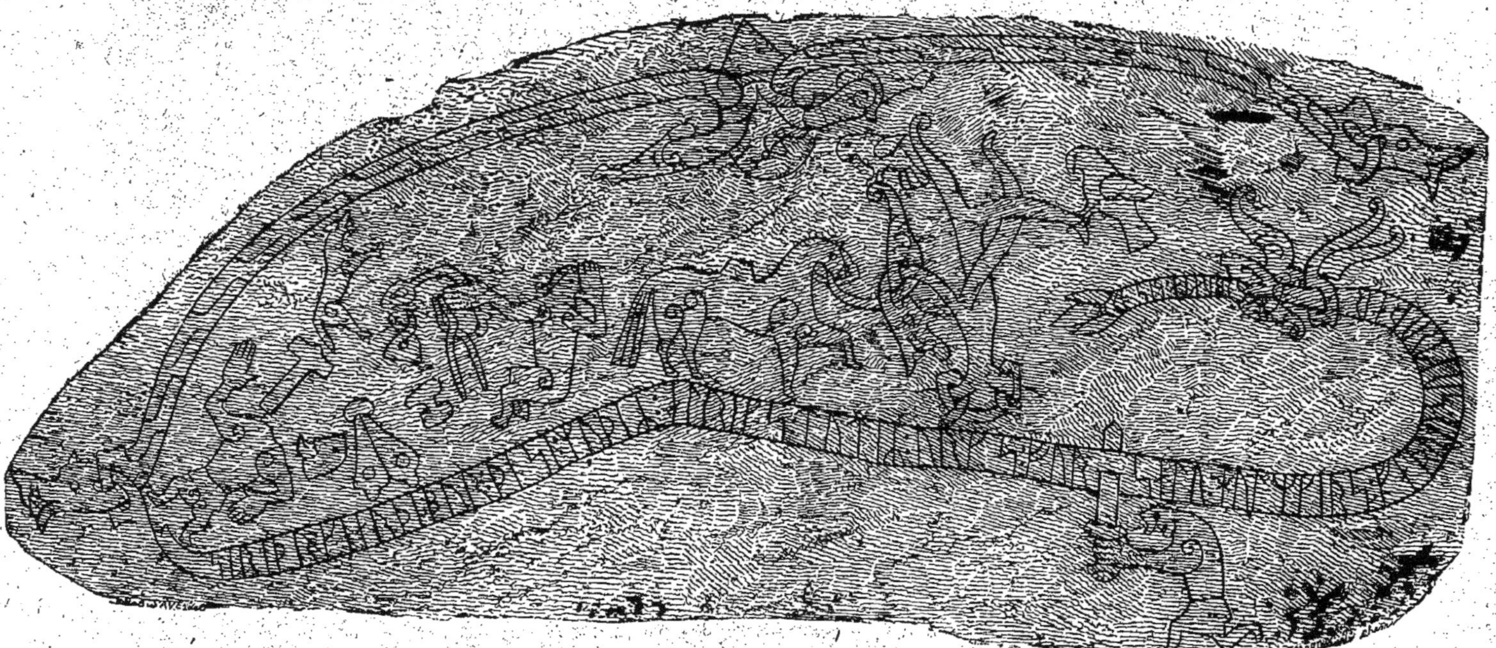

127.   Figures gravées sur la montagne de »Ramsundsberget», Sudermanie, représentant des scènes de la saga de Sigurd Fafnesbane.

vinces de Dalécarlie, de Vestmanland, de Sudermanie, d'Ostrogothie et de Vestrogothie (la ville actuelle de Sköfde), Ullevi en Upland et en Vestmanland, etc. — La circonstance qu'un si grand nombre de ces noms désignent actuellement des églises chrétiennes, mérite d'être remarquée, car elle montre que plus d'une de nos églises paroissiales fut, de même que la cathédrale d'Upsal, édifiée sur un emplacement qui avait jadis été consacré au culte payen.

Les noms de localités cités plus haut peuvent servir à confirmer, si c'est au reste nécessaire, le fait que nos ancêtres adoraient principalement les mêmes dieux, et avaient la même religion que leurs parents de Norvége. — La preuve que les chants héroïques de l'Edda n'étaient pas inconnus en Suède, nous est fournie par les images remarquables au plus haut degré, gravées avec des runes sur la montagne de »*Ramsundsberget*» et sur un bloc erratique dit »*Gökstenen*», tous les deux dans la Sudermanie occidentale, et représentant plusieurs scènes de la saga de Sigurd Fafnesbane. [1]

128. *Pendeloque en argent représentant le marteau de Thor. Sc.* ¼.

Nous y voyons (f. 127) la loutre de la cataracte d'Andvare, le nain Regin assis devant l'enclume, avec les tenailles et le soufflet à côté de lui, et forgeant l'épée Gram pour Sigurd; plus loin, on aperçoit Sigurd au moment où il tue le dragon formidable Fafne, où il en mange le coeur et où il assassine Regin. L'artiste a représenté en outre le cheval de Sigurd, Grane, chargé du trésor de Fafne, et les deux éperviers perchés sur un arbre, de

---

[1] Ces »sculptures de Sigurd» (*Sigurdsristningar*) ont été interprêtées pour la première fois par M. le professeur C. Säve dans les »Mémoires de l'Académie suédoise des Belles-Lettres, d'Histoire et d'Archéologie» (*Vitterhets- Historie- och Antiqvitets-Akademiens handlingar*).

la conversation desquels Sigurd apprend les embûches dont il est menacé de la part de l'insidieux et vindicatif Regin.

Des souvenirs du culte de nos ancêtres se retrouvent aussi dans les pendeloques en argent (f. 128), parfois richement décorées, assez fréquentes dans les trouvailles du dernier âge du fer, qui paraissent sans nul doute représenter le »marteau de Thor», et qui se portaient comme parures ou amulettes, tout comme plus tard les chrétiens portèrent l'image de la croix.

En fait de détails sur la théogonie scandinave et sur les institutions domestiques de la Suède payenne, telles que l'éducation, le mariage etc., nous ne savons en réalité rien autre que les conclusions que l'on peut tirer de l'analogie avec les institutions contemporaines de la Norvége et de l'Islande, et des peintures de moeurs contenues dans nos anciennes lois ou coutumes provinciales. Mais, comme ces dernières ne datent dans leur état actuel que du 13:ème ou du 14:ème siècle, et que le contenu des Eddas et des sagas islandaises est généralement connu, nous n'osons pas nous arrêter davantage à cette matière, quelque attrayante qu'elle soit; la description nous en entraînerait à des développements qui sont hors du plan de ce présent travail.

Des trouvailles nombreuses nous fournissent par contre des renseignements plus directs sur les cérémonies funéraires de la période des vikings. Elles nous montrent que tantôt les corps subissaient la crémation, et que tantôt ils étaient enterrés non brûlés; ces deux coutumes furent simultanément en usage chez nous à l'époque qui nous occupe, quoique la crémation paraisse avoir été le procédé le plus commun dans certaines régions, comme p. ex. dans celles autour du Mälar.

Si le mort devait être brûlé, on le déposait à l'ordinaire sur le bûcher, complètement habillé, avec ses armes et ses parures; objets que l'on retrouve dans la règle trèsendommagés par le feu (voir p. 106). Il n'était pas rare que l'on immolât, pour les placer à son côté, des chevaux, des chiens, des faucons ou d'autres animaux que le mort avait aimés, peut-être même aussi des esclaves. La cendre et les ossements brisés étaient ensuite souvent déposés dans une urne en argile. — Les tombeaux sont tantôt recouverts d'un tumulus (f. 129), tantôt indiqués par des pierres placées en cercle, en triangle ou en forme de navire pointu aux deux extrémités (f. 130).

Les sagas contiennent plusieurs récits d'hommes »mis en tumulus dans leurs navires». Nous avons déjà signalé (p. 114) les trouvailles remarquables de sépultures de ce genre à Ultuna et à Tune.

Nous empruntons à une vieille saga la description suivante des funérailles du roi Harald Hildetand: »Le jour qui suivit la bataille de Bråvalla, le roi Sigurd Ring fit rechercher le corps de Harald, ordonna que l'on en essuyât le sang, et qu'on habillât le défunt suivant l'ancienne coutume. Il le fit placer sur le chariot employé par Harald dans le combat. Ensuite il fit élever un grand tumulus, y fit entrer en voiture le roi Harald avec son cheval de bataille. Le cheval ayant été immolé, le roi Sigurd fit prendre la selle dont il s'était servi lui-même, la donna au roi Harald, et le pria de faire maintenant ce qu'il préférait, c'est-à-dire de se rendre ou à cheval ou en chariot au Valhall (le paradis des Scandinaves). Avant que l'on fermât le tumulus, le roi Sigurd invita tous les grands et tous les guerriers à y jeter de grands anneaux et de bonnes armes en l'honneur du roi Harald Hildetand.»

Si même ce récit ne peut être considéré comme parfaitement authentique dans tous ses détails, il présente néanmoins de l'intérêt, en ce que l'on a trouvé plusieurs fois

129. *Tumulus ronds recouvrant des tombeaux du dernier âge du fer. Sudermanie.*

130a. Enceinte de pierres »naviforme» à Blomsholm. Bohuslän.

dans les tumulus des restes de chevaux, de brides, d'étriers, de harnais et de chariots.

Les corps non brûlés de cette époque sont souvent déposés dans des cercueils en pierre ou en bois; cependant on les rencontre de temps à autre sans traces visibles d'une protection de cette nature. Dans plusieurs tumulus, principalement en Norvége, on a trouvé des chambres sépulcrales en bois dans lesquelles les corps reposaient parfois sur des coussins ou étaient assis sur des siéges (voir p. 126, note, et p. 125). La sépulture la plus remarquable de cette espèce que nous connaissions dans le Nord, est la chambre sépulcrale de la reine Thyra dans l'un des grands tumulus de Jellinge en Jutland, élevé environ l'an 950. La chambre, de 6,5 m. de longueur sur une largeur de 2,3 et une hauteur de 1,3 m., est construite de poutres en chêne, avec revêtement intérieur de madriers de la même essence. Les parois ont été recouvertes de tentures de laine.

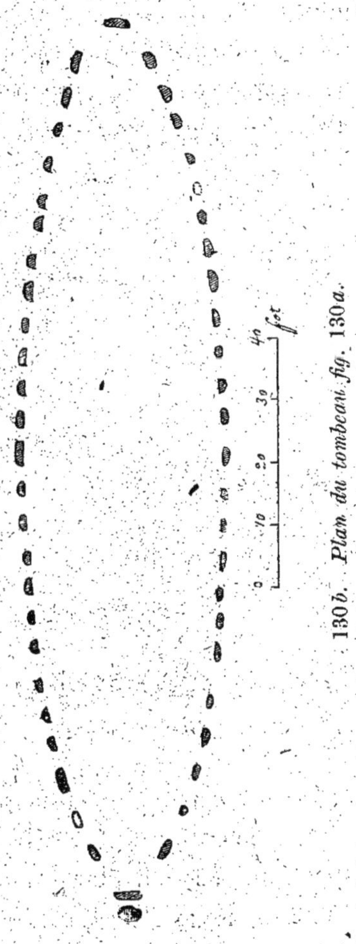

Des »pierres levées« *(bautastenar)* consacraient la mémoire du défunt (f. 131), mais son nom n'est actuellement connu de la postérité que dans les cas où il a été inscrit sur la pierre même. Ces noms sont naturellement toujours écrits en lettres runiques. Comme nous l'avont vu, les runes furent connues dans le Nord dès les premiers siècles après Jésus-Christ. Mais, comme la plupart des pierres runiques, dont près de 1000 sont connues dans la seule province d'Upland, appartiennent à la fin de l'âge du fer ou au commencement de la période chrétienne, il semble que ce n'ait été que vers les derniers jours du paganisme que l'on

[131. *Tumulus surmonté d'une pierre levée. Sudermanie.*

ait cherché d'une manière plus générale à se procurer pour soi et pour les siens, par des inscriptions sur les pierres levées, un souvenir plus durable que celui de la tradition seule.

Comme je l'ai signalé déjà (p. 101), les runes de cette période diffèrent considérablement des runes de l'époque précédente. La série runique du dernier âge du fer, qui concorde toutefois en général dans l'ordre des runes avec la série ancienne, ne se compose que des 16 signes suivants:

ᚠ ᚢ ᚦ ᚬ ᚱ ᚴ : ᚼ ᚾ ᛁ ᛆ ᛋ : ᛏ ᛒ ᛘ ᛚ ᛦ

f u th o r k : h n i a s : t b m l -r.

De même que le caractère ᛦ de l'ancienne série runique, la rune ᛦ est souvent placée à la fin des mots et correspond alors à notre *r*; parfois elle se trouve cependant au milieu d'un mot et représente alors un signe vocal (ordinairement *e*, ou *y*). Les runes ᚬ, ᚾ, ᛁ, ᛋ, ᛏ et ᛦ ont aussi les formes ᛂ, ᚿ = *o*, ᚺ = *n*, ᛆ = *a*, ᛌ = *s*, ᛁ = *t* et Ⴔ = *m*. Surtout après la fin du paganisme proprement dit, on employa souvent les »*runes* dites *piquées*» (*stungna runor*) ᚤ = *y*, Ᵹ = *g*, ᛂ = *e*, ᛁ = *d* et ᛒ = *p*. Pour économiser l'espace, on donnait fréquemment à deux runes le même »bâton» (*staf*, comme s'appelait le trait perpendiculaire de la rune); souvent ainsi, on voit réunies, comme »runes à bâton commun» (*samstafva runor*), ᛂᚱ, ᛂᚤ etc.

Le mot »*rune*» (*runa*) paraît signifier à proprement parler: secret, arcanum; et l'on considéra longtemps, sans doute, comme un secret mystérieux l'art de communiquer ses pensées au moyen de ces simples traits. Il n'y avait pas loin de là à la croyance en la vertu magique des runes; aussi les sagas les signalent-elles souvent comme douées d'une vertu pareille. Ainsi, nous voyons, dans l'Edda, Brynhild enseigner dans les termes suivants à Sigurd cette puissance magique des runes:

> Tu graveras des runes de victoire,
> si tu veux avoir la victoire;
> tu les graveras sur la poignée de l'épée.[1]
> Tu en graveras d'autres sur la lame,
> en nommant deux fois Tyr.[2]

---

[1] A Gilton, dans le comté de Kent (Angleterre du SE.), on a trouvé une épée sur la poignée de laquelle étaient gravées des runes (voir aussi la page 104).

[2] Tyr était le nom de l'un des dieux Ases et celui de la rune ᛏ.

Tu graveras des runes de tempête,
si tu veux sauver ton navire
dans le bruissement des écueils.
Tu les graveras sur l'étrave,
et sur le plat du gouvernail.

Tu graveras des runes de pensée,
si tu veux devenir plus sage que d'autres.
Odin lui-même a imaginé ces runes.
Etc.

L'alphabet latin introduit par le Christianisme fit cesser peu à peu l'usage des runes. Un grand nombre de pierres sépulcrales chrétiennes encore conservées, de fonts baptismaux, de cloches d'église, d'encensoirs etc., portant des inscriptions runiques, montrent toutefois que cet usage survécut longtemps dans le Nord à l'établissement définitif de la religion chrétienne; dans certaines régions écartées, on s'en souvenait encore après la réformation, et sur les »bâtons runiques», les calendriers des anciens temps, on les gravait il n'y a pas plus d'un siècle. On écrivait même pendant le moyen-âge des livres entiers en caractères runiques, témoin, p. ex., la Loi, encore conservée, de Scanie *(Skånelagen)*, datant du 13:ème siècle.

La pierre runique avec ses entrelacements élégants, représentée fig. 132, se trouve sur les terres de Viggby, dans la paroisse de Lillkyrka en Upland. L'inscription, qui commence au milieu de la ligne inférieure, présente en caractères runiques la forme suivante:

ᛒᚱᚢᛅᛁ : ᛚᛁᛏ : ᚱᛁᛋᛅ : ᛅᚢᚠ : ᛅᚱᛁᛋᛏᛁᚾ : ᚦᛁᛅᛅ :
ᚢᚠᛏᛁᚱ : ᚠᚢᚦ : ᚠᛅᛋᛏ : ᚠᛅᚦᚢᚱ : ᛒᚱᚢᛅᛅ :
ᛅᚢᚠ : ᛅᚱᛅᚢᛁᛏᛁᛦ : ᛒᚢᛅᚼᛏᛅ : ᛋᛁᛅ

Reproduite en caractères modernes, cette inscription donne: »*Bruni lit risa auk aristin*[1] *thina yftir Guth fast fathur Bruna auk Arnuitir*[2] *buanta sin*», ou, en suédois actuel: »*Brune lät resa och rista sten denna efter Gudfast, fader Brunes, och Arnvi efter bonde sin*», et en français: »*Brune fit élever et graver cette pierre, après Gud-fast, père de Brune, et Arnvi* (la fit élever) *après son mari.*»

Dans bien des cas, on connaît non-seulement le nom de ceux qui firent élever le monument et de celui en l'honneur duquel on l'élevait, mais encore le nom de celui qui grava les runes et décora la pierre d'entrelacements témoignant d'une dextérité et d'un goût remarquables. Les plus connus de ces »maîtres» sont *Ubbe* (= »*Ubir*»), dont le nom se trouve sur près de 40 pierres runiques, *Bale*, *Åsmund Kåreson*, *Thorbjörn skald* (le poète), »*Amunti*», etc., qui ont tous travaillé en Upland et dans les provinces voisines.

132. *Pierre runique à Viggby, Up-land. Hauteur: 2,1 mètres.*

---

[1] Au lieu de »*varista stin*», graver pierre. On évitait autant que possible les lettres doubles; même quand un mot commençait par la rune ou par les runes qui terminaient le mot en précédence immédiate, on contractait ces deux mots, de telle sorte que les runes ne se gravaient qu'une fois. Parfois une rune était totalement éliminée, surtout si le texte n'en devenait pas obscur.

[2] Au lieu de *Arnvi i(f)tir*, Arnvi après.

La plupart de ces maîtres paraissent avoir vécu à l'époque où les dieux Ases et le »Christ blanc»[1] se disputaient l'empire en Suède. Nous ne pouvons entrer ici dans le récit de cette lutte remarquable, qui ne se termina qu'après de nombreuses péripéties, par la victoire de la nouvelle religion. La vieille croyance était toutefois si profondément enracinée dans l'esprit du peuple, que, de nos jours encore, dix siècles après la première prédication du christianisme dans nos contrées, il existe une foule de souvenirs de la foi de nos ancêtres payens. Bientôt, sans doute, ces souvenirs s'éteindront l'un après l'autre, à mesure qu'ils ne pourront plus supporter la lumière que répand une instruction publique saine et pénétrant dans les masses. Mais il est une chose qui ne mourra jamais, nous l'espérons, aussi longtemps qu'un peuple libre respirera dans notre patrie: c'est l'amour de la liberté, la vigueur, l'héroïsme qui distinguaient les Scandinaves de l'époque payenne, et la belle et grandiose philosophie pratique qui a assuré à la doctrine des Ases un si haut rang parmi les religions préchrétiennes, la sagesse qui ne place pas le but le plus élevé de la vie dans la jouissance des joies de la terre, mais le cherche au Valhall, dans les salles de l'*Allfader*. [2]

---

[1] »*Hvite Krist*». Le nom donné par les vikings au Christ, de la robe blanche portée au baptême par les néophytes.

[2] Du »Père de tous les hommes», l'un des surnoms d'Odin.

La vignette représente une pierre runique érigée près Lindö dans la paroisse de Vallentuna, Upland. L'inscription: "*Astrith lit reisa thina stein efter sun sin Svain auk Ulf bontu sin*", ou en français: "*Astrid fit élever cette pierre après Sven, son fils, et (après) Ulf, son mari*".

TABLE DES MATIÈRES.

Introduction.   Page.

L'âge de la pierre .... 6.

L'âge du bronze .... 38.

L'âge du fer .... 81.

 Le premier âge du fer .... 83.

 Le moyen âge du fer .... 108.

 Le dernier âge du fer .... 118.